Research on Professionalization of Japanese Teachers

新时代小学教育专业建设与小学教师教育研究丛书

丛书主编：刘慧

日本教师专业化研究

夏鹏翔　著

天津出版传媒集团

天津人民出版社

图书在版编目（ＣＩＰ）数据

日本教师专业化研究 / 夏鹏翔著. -- 天津 : 天津
人民出版社, 2022.5
（新时代小学教育专业建设与小学教师教育研究丛书 /
刘慧主编）
 ISBN 978-7-201-18296-4

Ⅰ.①日… Ⅱ.①夏… Ⅲ.①小学教师—师资培养—
研究—日本 Ⅳ.①G625.1

中国版本图书馆 CIP 数据核字(2022)第 053677 号

日本教师专业化研究
RIBEN JIAOSHI ZHUANYEHUA YANJIU

出　　版	天津人民出版社	
出 版 人	刘　庆	
地　　址	天津市和平区西康路35号康岳大厦	
邮政编码	300051	
邮购电话	(022)23332469	
电子信箱	reader@tjrmcbs.com	
责任编辑	武建臣	
装帧设计	汤　磊	
印　　刷	天津新华印务有限公司	
经　　销	新华书店	
开　　本	710毫米×1000毫米　1/16	
印　　张	11.25	
插　　页	2	
字　　数	150千字	
版次印次	2022年5月第1版　2022年5月第1次印刷	
定　　价	56.00元	

"新时代小学教育专业建设与小学教师教育研究"丛书

序

　　新时代中国小学教育专业如何建设？面向未来的小学教师如何培养？这是当代小学教师教育者必须要回应的时代之问。本套丛书是我们——首都师范大学初等教育学院迎接新挑战、抓住新机遇、乘势而上的实践探索与理论研究答卷。

　　我国小学教师中师培养的历史已有百年，而本科层次培养的历史却很短。首都师范大学初等教育学院，作为我国小学教师本科培养的首批单位之一，其建设发展的历程，也是当代中国小学教育专业建设与小学教师本科层次培养历程的"缩影"。在"十四五"开局之年，面向未来的教师教育改革与创新，我们认为，有必要将我们在小学教师教育理论研究与实践探索过程中的一些重要事件、主要成果整理出版，通过回顾历史来把握当下、创造未来，也为推动具有中国特色的小学教师教育体系、世界先进水平的小学专业建设贡献我们的微薄之力。

　　首都师范大学初等教育学院，1999 年由两所中师——具有百年历史的通州师范学校和颇具影响力的北京第三师范学校合并升格成立，至今走过了 22 年的发展历程。在此期间，经历了学院文化的大学化、小学教育专业性质的定位、小学教育专业人才培养模式的形成与发展、初等教育学学科建设的确立与起步等至关重要的发展阶段与事件；并在国家一系列教师教育政策的指引下得以迅速发展,取得了显著成绩,被誉为全国小学教育专业的"领头雁""带头羊"。在此过程中的关键事件,可以分为三类。

一、关于小学教育专业建设的政策、项目与成效

在 20 年时间里,对小学教育专业建设产生重要而深远影响的国家政策与项目主要有以下几个:

2007 年,教育部评选国家级特色专业,我校和上海师范大学小学教育专业首批入选。这是建立不足 10 年的高师小学教育专业得到国家认可与重视的"信号",是对全国小学教育界(简称"小教界")的莫大鼓舞。一些省市也相继开展特色专业评选活动,小教界有多家单位入选,由此开启了我国小学教育专业特色建设的探索之旅。小教界围绕着小学教育专业特色"特"在何处、小学教育专业的核心品质到底是什么等问题进行了深入探索。这是推动我国小学教育专业关注自身性质、特色建设,注重内涵发展的重要力量。

2011 年,根据《教育部 财政部关于"十二五"期间实施"高等学校本科教学质量与教学改革工程"的意见》和《关于启动实施"本科教学工程""专业综合改革试点"项目工作的通知》,我校于 2012 年组织申报"高等学校专业综合改革试点"项目,我院小学教育专业的申报得到了学校的支持并获得立项。经过 3 年的建设,完成了"以人才培养质量为核心,进一步改革人才培养模式,凝练人才培养特色,为小学输送优秀教育工作者,在全国小学教师教育院系中起到引领和示范作用"的建设目标,实现了人才培养模式、教学团队建设、新课程体系建设等具体目标,开启了我院小学教育专业综合改革之路。

2017 年,我校接受北京市教委对高校本科专业审核评估。我们通过撰写"本科教学工作审核评估汇报报告",从学院发展概况、办学特色、人才培养目标的实现、质量保障体系建设、存在的问题与努力方向、建设规划等六个方面认真梳理了建院以来的教学工作,为日后申报一流专业建设点和撰

写师范专业认证自评报告打下了坚实基础。

同年，北京市属高校一流专业建设工作启动，我院小学教育专业入选首批一流专业建设单位。2018 年 5 月，我们组织骨干教师团队，研究并依据一流专业建设的具体要求，对我院小学教育专业建设现状、专业建设存在的问题、专业建设目标、专业建设的主要举措等方面做了进一步的梳理与研究。在此过程中，参与撰写的教师思想观念、思维方式不断发生转变，对一流专业建设的理解不断加强。

2018 年 9 月 4 日，我院接到通知，被指定为全国小学教育专业认证"打样"单位。依据教育部颁布的《普通高等学校师范类专业认证实施办法（暂行）》，经过两个月的高效工作，我院小学教育、美术学（小学教育）、音乐学（小学教育）接受了教育部师范类专业"联合认证"，开启了中国小学教育专业认证的历史，也正如教育部教师工作司任友群司长在认证反馈会上所指出的："为我国的师范教育发展史留下了浓墨重彩的一笔。"这一过程，不仅仅是完成了专业认证这项工作本身，更是梳理与反思了我院小学教育专业的建设历程，研究与憧憬了小学教育专业的未来发展。

2019 年，教育部颁布了《关于实施一流本科专业建设"双万计划"的通知》，我院小学教育专业经过层层选拔，入选了首批"国家级一流本科专业"建设点。这一成绩的取得，得益于前期大量的基础性工作，它不仅是扎实的实践探索，更是针对小学教育专业与小学教师教育的学术研究。可以说，我院小学教育专业能入选首批"国家级一流本科专业"建设点，一路走来，每一步都很坚实，每一步都展现了学院追求卓越、敢为人先的探索与创新精神。2020 年，根据学校要求，对照《一流本科专业建设点推荐工作指导标准》科学编制一流本科专业 3 年建设规划方案，提出了深化专业综合改革的六大主要举措，3 年后的成效将使我院小学教育专业建设再上新台阶。

二、关于小学教师教育的政策、项目与成效

2010年,教育部启动教师专业标准研制工作,我院有幸在顾明远先生的指导下开展"小学教师专业标准"研制工作。在一年多的研制过程中,我们认真梳理了各国教师专业标准及其相关标准的有关内容,反思了我院小学教育专业建设经验,整理了我们对小学教育和小学教师教育的研究成果,尤其是对小学教师与中学教师的异同的探析,逐步厘清了小学教师专业标准的理念、维度、领域、基本要求等框架与内容,并完成了《小学教师专业标准解读》的撰写。由此不但进一步推动了小学教师教育研究,而且整体提升了我院教师团队的小学教师教育专业水平,尤其是带动了大学学科教师向小学教育专业教师的转型,为我院的发展提供了强有力的专业教师团队。

2014年,教育部出台《关于实施卓越教师培养计划意见》(称为1.0版),全国小教界共有20家入选,我院小学教育专业是其中一员。如何理解"卓越""卓越教师"的内涵,成为影响卓越教师培养计划实施的关键。对此,我们突破"学科教学"本位的思想与思维"禁锢",提出卓越小学教师的核心是以"儿童教育"为本,并积极探索培养模式,"一体两翼一基"培养机制,解答了"卓越小学教师应如何培养"的问题。

2019年,正值我院成立20周年,我们积极筹备承办了以"走近·对话·共享——多元取向小学教师教育伦理与实践"为主题的首届"小学教师教育国际会议",来自中国、芬兰、法国、匈牙利、冰岛、日本、韩国、瑞士、澳大利亚、美国等10个国家102个不同单位(其中包括78所大学)300余位专家学者参加,分享了各国小学教师教育的理念、模式及质量保障机制等,为推进国际多元取向小学教师教育模式的彼此交流,共享过去、现在与未来,做出时代贡献,开启了国际小学教师教育模式跨文化、跨领域、跨时空对话的新篇章。

三、关于课程建设的政策、项目与成效

小学教育专业课程建设，既是小学教育专业建设的重心，也是小学教师培养的主渠道，因此如何构建小学教育专业课程体系成为小学教育专业建设与小学教师教育的关键问题。

2012 年，教育部教师工作司开展"教师教育国家级精品资源共享课"建设项目，我们申报的《小学生品德发展与道德教育》课程入选，经过 3 年的建设，在"爱课网"上线，并于 2015 年出版同名教材，之后又在"中国大学慕课"上线。此课程及教材自上线与出版以来，持续受到小教界同人的关注与使用，尤其是师范类专业认证以来，落实立德树人的根本任务，小学德育课成为小学教育专业的必修课，2020 年，《小学生品德发展与道德教育》课程荣获线上线下混合教学"国家级一流本科课程"。

2013 年，在教育部"专业综合改革试点"项目下，开展小学教育专业课程地图研制工作。依据所提出的小学教师核心素养及其指标体系，创制了小学教育专业课程地图。这是基于小学教师理念、理论的对小学教育专业课程体系的设置，突破了之前课程设置的经验性与随意性过重的现象，首创"333"式课程结构，使专业课程内在逻辑清晰、层次清楚，体现科学性、规范性、系统性；确立了"儿童 & 教育"专业核心课程体系，解决了长期以来该专业核心课程不明的理论难题，实现了课程设置"精致化"，在小教界兼具开创性和示范性。

2016 年，教育部颁布《关于组织实施中小学幼儿园教师培训课程标准研制工作通知》，我院承担了"教师培训标准——小学品德与生活（社会）学科教学"研制项目，借此全面深入地研究了小学德育理论与实践及小学德育课程与教学，这一标准研制工作的完成，不仅有利于我院 2019 年在小学教育专业中增设小学德育方向，也为组织开展小学德育学科骨干教师培训打下坚实基础。

　　总之,高校小学教育专业建设,在我国还是"新事物",本科层次小学教师培养历史仅有 22 年。在这段历程中,上述所列政策、事件起到了关键作用。本书选取了小学教师教育国际会议、小学教育专业认证、小学教师培养模式、道德与法治课程建设等内容整理出版。未来,我们还将陆续选择影响我国小学教育专业建设与小学教师教育发展的关键事件,进行整理出版。这既是我国小学教育专业建设与小学教师教育研究的现实历程,也是未来的史料;既是鲜活的个案,也是典型的代表;既是实践的呈现,也是理论的贡献。我们愿为此努力付出。

刘慧

2021 年 9 月 25 日于西钓鱼台嘉园

前　言

日本师范教育制度的建立与其近代教育改革同步,始于明治初期。1868年明治维新后,日本制定了"富国强兵""殖产兴业"和"文明开化"三大国策。其中,"文明开化"就是引进西方文化和发展教育,此时,普及基础教育和师资培养,无疑成了当务之急。

自1872年5月东京师范学校创立以来,日本的师范教育走过了一个半世纪的路程。这期间,随着日本基础教育普及率的不断提升,师范教育从中等教育提升至专门学校,再到二战后的四年制本科教育,培养了大批中小学教师,为日本普及教育、发展经济,提高国民整体素质做出了突出贡献。

日本师范教育的发展具有明确的特点:一是在其对外侵略扩张的特殊时期,军国主义思潮下的师范教育培养了"忠孝型"教师;二是二战后初期,在占领军的领导下推行民主主义改革,师范教育实现了高等化,开始致力于具备实际教学能力的"技能型"教师的培养;三是20世纪80年代至20世纪末,在国际教师教育改革的浪潮中,教师教育转向"实践型"教师的培养;四是21世纪以来,随着中小学教师本升硕①时代的到来,"专业型"教师的培养成为主旋

---

① 日本政府于2006年打出建立"教师研究生院"的本升硕计划,2008年东京学艺大学等19所师范大学首建"教师研究生院"。详见第四章。

律。日本教师专业化发展的阶段及其特点,突出了每一时期的时代背景及其对教师教育的要求。

　　笔者留学日本的 20 世纪 90 年代,正值日本普及研究生教育的时代。当时,第一次听说大学教育也是基础教育阶段之一的时候,非常不解。后来渐渐明了,基础教育以近代学校教育为指标,最初集中在初等教育;19 世纪末 20 世纪初西方工业国家逐渐普及到中等教育;二战结束后,在一些国家,高等教育成为基础教育的最后阶段,时间越来越长,层次越来越高。这说明这些国家基础教育普及的力度大,所惠民众人数多,教育成了名副其实的"大众教育"。20 世纪 90 年代的日本,就是这样一种状况。日本能够达到这种教育水准,其师范教育所发挥的作用是毋庸置疑的。

　　留学期间,笔者主要研究日本战后社会教育政策和活动,着重研究了建立在日本民众身边的公民馆活动及其在促进成人的教育中所发挥的作用。期间感触深刻的是,日本普通民众的素养比较高。以家庭主妇为例,在参与社会方面,她们能够监督和评论政府的政策走向;在学校教育方面,她们可以和学校形成对话,参加学校的运营和管理;在自身成长方面,她们参加歌咏、绘画、读书等快乐又充实的生活,追求生活质量的提升……这是因为她们普遍接受教育的程度较高,思想认识、知识水准都有一定的基础。可以说,这些是日本普及基础教育程度高的一种表现,而支撑普及基础教育的基石,毫无疑问是其师范教育。

图1　1992年于母校留念

图2　小林文人教授教研究室活动留念

回国以后,笔者就职于首都师范大学初等教育学院,开始关注初等教育、教师教育和中日比较教育等领域。在教师教育方面,最关心的是小学教师的培养,近年来,在各种学刊发表中日小学教师教育论文数篇。此次《日本教师专业化研究》,也是以日本小学教师培养为主线,力求在历史追溯中探求日本小学教师培养在各个时期的定位、特点及其在日本国家发展总体战略中所发挥的作用。

关注基础教育、重视小学教师教育是一个初等教育人的使命,也是贯彻执行我国教育方针的具体实践。众所周知,中国共产党历届代表大会报告都强调加强基础教育和教师教育的重要性。2017年10月,党的第十九次全国代表大会报告强调"建设教育强国是中华民族伟大复兴的基础工程,必须把教育事业放在优先位置",将"优先发展教育"看作中国特色社会主义建设的重中之重。

具体到教师教育,2018年1月,中共中央、国务院下发《关于全面深化新时代教师队伍建设改革的意见》,同年3月,教育部等五部门联合印发《教师教育振兴行动计划(2018—2022年)》,两个文件均强调要打造具有高水平、有特色,适应新时期发展的师范院校,加强教师队伍建设。2022年4月,教育部等八部门印发《新时代基础教育强师计划》,明确基本原则为"坚持师德为先、坚持质量为重、坚持突出重点、坚持强化保障",目标任务是"到2025年……培养一批硕士层次中小学教师和教育领军人才……教师培训实现专业化、标准化……""到2035年……建立完善的教师专业发展机制……"并在具体措施里,将"提升教师能力素质"放在首位。教师教育迎来了重要的发展时期。在这个时候,探讨和总结日本教师专业化的历程对于我国教师教育事业的发展,具有重要的理论意义和现实意义。

笔者在写作过程中,尤其重视以下几点:

第一,不仅仅说明"是什么",更重要的是解释"为什么",即对日本教师专业发展每个时期历史背景的交代和解读。站在马克思辩证唯物主义和历史唯物主义的立场，教育是一种社会现象，其发展与国家的政治、经济、文化紧密相关，孤立的社会现象是不存在的，也是解释不清楚的。因此，交代社会背景，解释"为什么"是笔者的用功之处。

第二，关注教师专业发展每个时期的政策指向。鉴于以上思路，笔者尤其重视每个时期日本政府的举动及其有关政策的指向，特别是以联系的观点看待不同时期政策的先后关联，以呈现日本教师专业发展的阶段性、连贯性和完整性。同时，以东京学艺大学、创价大学的办学理念、培养课程及其教学研究的状况来证明政策实施的效果和问题。

第三，重视日本人的研究成果。笔者由于大学时代专攻日语，因此在做日本研究时，可以直接浏览、研读日语原文资料。此次著述也是如此，从始至终关注并利用日本学者对其教师专业化的研究成果。也就是说，既有当事者的研究，也有作为第三者的研究，这种主客观相联系的视角和观念，可以最大程度地帮助我们看清日本教师专业化的过程并从中汲取经验。

有言道"不识庐山真面目，只缘身在此山中"，笔者希望能从一个外国研究者的角度，以第三只眼看日本，再加上留学日本十余年的经验，追溯、归纳日本近代以来师范教育的发展历程及其教师专业化的特点，提起我们对日本教育及其教师教育的客观认识，为我国的教师教育发展提供一些参考。衷心期待各界专家学者热心斧正，不吝赐教。

2022年春日

目　录

Contents

第一章

忠孝——二战前师范教育的内核

　　一般认为,日本的近代化始于1868年的明治维新运动。19世纪中叶,世界各资本主义国家先后完成了工业革命,进入了资本主义自由发展时期。它们对内残酷剥削工人,榨取剩余价值;对外侵占殖民地,扩张其经济和势力范围。这种世界范围内的大变动、大变革将每个国家都卷入其中,一些弱小国家,如东南亚和非洲各国;或者曾经强盛的大国,如气数将尽的大清帝国都面临着独立或死亡的抉择。日本的近代化——明治维新,正是在这个重大的历史关头发生的,这场社会变革对于日本的社会、经济、政治、文化、教育以及国民生活所带来的冲击是十分深刻的。

第一节　社会变革与师范教育制度的创建

一、近代改革启动近代教育

众所周知,明治维新以前,日本是一个落后的东方封建国家,德川幕府奉行的长达二百余年的闭关锁国政策,使得日本在政治、经济等方面的发展受到限制,其近代化的步伐也远远落后于西方各国。1853年,美国东印度舰队率先叩开日本国门,迫使德川幕府与其签订通商条约。随后,英国、荷兰、俄罗斯等西方列强群起效仿,日本被迫开国,沦为"半殖民地从属国"①。

在这种情况下,日本决定学习西方,实行变革,并以惊人的速度实现了社会性质的转换。从1854年被武力逼迫与美国签订辱国的《日美和亲条约》,到1894年与英国签订平等的《日英通商航海条约》,直至1911年完全收回关税自主权,仅用40余年,日本就争得与西方列强对等的地位,成为后起的资本主义强国。我国著名日本学专家米庆余指出,日本之所以能够实现这种社会变革,从涉外政策视角而言可以归纳为三个方面:"其一是'求知识于世界',对日本社会进行种种改造;其二是移植近代产业,建立资本主义的经济基础,同时面向海外,实行所谓'贸易立国';其三是'脱亚入欧',对邻国的亚洲国家实行所谓的'大陆政策'。"②这里,"求知识于世界"是启动日本近代教育的指导思想和强大动力。

明治维新的三大方针是"富国强兵""殖产兴业"和"文明开化",其中,"文明开化"就是要接受西方思想,引进科学技术,改造社会风尚,培养专业人才。因为只有普及教育,培养出具有资本主义思维方式和实干才能的新型

---

① 万峰.日本资本主义史研究[M].湖南人民出版社,1984,8.
② 转引自吴廷璆主编.日本近代化研究[M].商务印书馆,1997,1~2.

国民,日本才能实现"殖产兴业",进而达到"富国强兵"的目标。毫无疑问,此时,教育成为日本实现近代化的关键所在。

1871年,明治政府派出以右大臣岩仓具视为特命全权大使的使节团赴西方考察。使节团共50余人,历经一年零九个月,先后考察了美国、英国、法国和德国等欧美强国,学习各国的政体、法律、经济等对日本改革有益之事,痛感要使日本安盛和强大,就必须兴办教育,培养人才。

同年,明治政府成立文部省,命其研讨日本教育的出路和改革问题。文部省成立后立即召集森有礼等年轻洋学者①着手于学制的起草和公布,并发表《关于学事奖励的命令书》。该命令书作为学制的先行文献,明确了教育方针:第一是"国民皆学","邑无不学之户、家无不学之人";第二是教育的目的为"立身、殖产、兴业";第三是重视"实学",设法律、政治、天文、医学等必要的知识学科;第四是受益者负担学费。②以上新教育政策启动了日本"文明开化"之大业,并为其学制的制定明确了基调。

1872年8月,《学制》制定颁布,它的出台代表日本近代教育制度的开端。《学制》效仿法国学区制,将全国划分为8大学区,各大学区设置一所大学;每一大学区分为32个中学区,各中学区设置一所中学;每一中学区又分为210个小学区,各小学区设置一所小学,小学分初小和高小,学制8年。按照这种计划,全国将设8所大学、256所中学、53760所小学。这一庞大计划虽然由于国情、财力等原因并未马上实施见效,但它在全国范围内普及教育的宗旨得到宣扬,为日本教育的大发展奠定了基础。

《学制》在日本近代史和教育史上具有非常重大的意义。《学制》颁布以后,经过了1879年的《教育令》、1880年的《修改教育令》以及1886年的《学校令》等一系列的修改和调整,日本基本形成了小学、中学直至大学的学制体

---

① 洋学者:特指当时留学西洋回日的人。
② [日]山住正己.日本教育小史[M].東京:岩波書店,1987,26.

系，其中小学教育的普及是最为见效的。据记载，《学制》颁布后仅过10年，1883年小学入学率就达到51%；[1]1896年上升为64.22%。[2]1900年国家实施小学免费，并实行四年制义务教育，入学率急升为81.67%。1907年，小学义务教育由四年延长为六年，当年的义务教育就学率达到97.38%，[3]基本上实现了"国民皆学"的目标。教育的快速发展提高了国民的知识素养，为其近代化打下了坚实基础，使得日本在短时期内达成了"富国强兵"的基本国策。

二、近代教育依靠师范教育

普及国民教育离不开教师，发展国家教育离不开师范教育。明治政府非常明确这个道理，因而它对培养师资的投入是非常超前的。1872年4月，文部省提出了《建立小学教员指导场的呈文》，指出"推行教育之基础在于小学……而实施小学教育就要紧急建立师范学校"。同年5月，东京师范学校创建，聘请美国人教师从美国带来教具、教材，传授美国小学的教学方法。师范学校同时还负责编制小学课程和教材，这里毕业的学生被派往日本全国各地，担任起培训小学教师近代教法的任务。

小资料1

东京师范学校

东京师范学校成立于1872年5月，早于《学制》（1872年8月）的公布，是日本近代第一所培养小学教师的学校。第一任校长是诸葛信澄，著有《小学教师手册》，对当时日本的教育产生了很大影响。第一届毕业生10人于转年1873年走出校门，到全国各地推广

---

① ［日］文部省.日本の発展と教育［M］.東京:文部省,1962,180.
② ［日］教育史編集委員会.講座・教育史・3［M］.東京:第一法規,1984,56.
③ ［日］教育史編集委員会.講座・教育史・3［M］.東京:第一法規,1984,64.

课堂教学。

东京师范学校聘请美国人斯柯特为专任教师,引进美国师范学校注重教授法的教学经验和美国的小学教科书、教学参考资料和教具,实行班级授课和新的教学方法。1873年6月设立附属小学校,作为师范生教学实习和实验场地。1875年设中学师范科,培养中学教师。设有编辑局,承担全国小学新教科书的编写工作,制定小学教学计划,在全国推广。

1878年,留学美国的伊泽修二和高岭秀夫回国,任学校主要领导人,开始改革学校规章制度和教学计划,推行裴斯泰洛齐的开发教学法。1882—1883年开办小学师范学科教职员讲习会,集中大批小学教师和校长学习新的教育方法。为全国师资培训的中心和地方师范学校的典范。1886年改为东京高等师范学校。1894年4月制定《高等师范学校规程》,将高师分为文、理科。后文科又分为教育学部、国语汉文学部、英语学部和地理历史学部;理科分为理化数学部和博物学部。1902年将修学年限改为预科1年,本科3年,研究科1年至2年。本科设国语汉文、英语、地理历史、数理化和博物等系。1914年废止预科,本科改为4年,再次分为文理两科。后为1929年成立的东京文理科大学的附属学校。1949年与东京文理科大学、东京体育专门学校和东京农业教育专门学校合并成立东京教育大学。1973年东京教育大学又与其他学校科研单位合并成立筑波大学。

资料出处:参见顾明远主编.教育大辞典[M].上海教育出版社,1997,283.

图3　东京师范学校旧址　　　　　　　图4　东京教育大学旧照片

　　1872年8月,《学制》颁布实施,其中第39章指出:"除小学之外,还要有师范学校,在此种学校教授小学的教学原则和方法,实乃当务之急。"由此,日本着手于普及基础教育的近代学校制度和培养小学教师的师范教育制度的创建。

　　1873年8月,西南地区的中心——大阪和东北地区的中心——宫城先后开设了官立师范学校,1874年,名古屋、广岛、长崎、新潟等地区也先后设立了官立师范学校。同时,考虑到女子更加适宜儿童教育,1874年政府决定成立女子师范学校,并于1875年建成。后由于国库紧张,师范学校移交地方政府管理,至1879年,全国各地相继开设了公立师范学校,官立师范学校仅留下东京师范学校和东京女子师范学校,成为日本师范教育的核心。1881年,《师范学校教则大纲》制定颁布,规定师范学校分为初等(1年)、中等(2年)和高等(4年)三个课程,入学资格为小学中等学科毕业的17岁以上的青年。

　　由于各地的师范学校在入学、课程等方面的规定各不相同,给师范教育的发展带来了不平衡,1886年4月,在首届文部大臣森有礼的主持下,《师范学校令》制定公布。《师范学校令》在日本师范教育史上具有非常重要的意义,该法的出台意味着师范教育在学制上自成体系,并形成培养小学教师的普通师范学校和培养师范学校教师的高等师范学校这种两级师范体系。入学资格为高小毕业以上或具有同等学力的17~20岁的青年，学制4年。同年5月，《师范学校学科及其程度》等相关法律发行，就此，日本创建了规模较大的师范教育制度。

师范学校成立后，日本政府根据国家的需要相继颁发了有关法令，以加快师范教育发展的进程。1897年，《师范学校令》废除，《师范教育令》制定公布，决定将以往的普通师范学校改名为师范学校，并承认女子高等师范学校独立。此次法令就师范学校、高等师范学校以及女子高等师范学校整体做了有关修订，并规定普通师范学校一府县①一学校（或者数校），体现了政府要扩大师范教育规模的意向。1907年4月，《师范学校规程》制定颁布，该规程第2条规定师范学校"将分为本科第一部和第二部"，第一部为主体部分，按照以往规定招收高小毕业生，学制4年；第二部为补充部分，招收初中毕业生及女子高中毕业生，男生学制1年，女生学制2年。由此，师范学校和师范生由1897年的47校、8830人增加到86校、28653人，②仅10年时间，师范教育的规模扩展了一倍以上。

从这个时期开始，高等师范学校不仅培养普通师范学校的教师，还承担了培养中学教师的任务，表明当时初中的普及率有了很大的提高。在这种情况下，政府着手加大高等师范学校的规模，除去已有的东京高等师范学校和东京女子高等师范学校，1903年在广岛，1908年在奈良分别成立了高等师范学校和女子高等师范学校，1903年还公布了临时教员培训所制度，决定在文部省直属的高等教育机关内设置临时教员培训所，这些均是为了解决中学教师缺员而采取的应对措施。

1925年，《师范学校规程》修改公布，规定师范学校本科第一部（高小毕业生）的学制从4年延长到5年；第二部（初中毕业生及女子高中毕业生）的学制

---

① 府、县：日本地方行政单位分为都道府县，府和县同级，相当于我国的省。
② ［日］石川松太郎.日本教育史［M］.东京：玉川大学出版部，1999，136.

为2年。这样一来,本科第一部学生(高小课程2年加本科课程5年)与本科第二部学生(中学课程5年加本科课程2年)的学习年限均被统一为7年,师范学校以本科第一部为主体部分,第二部为补充部分,其规模再次得到了扩展。进而1937年,教育审议委员会讨论了将师范学校升格为专门学校的事宜。翌年11月,文部省发布《师范学校纲要》,规定师范学校的入学资格升为初中毕业生及女子高中毕业生,学制为3年。由此明治时期以来、以本科第一部为主体的师范学校的体制彻底崩溃,第一部和第二部呈等同局面,并出现了第二部的新生及毕业生的人数压倒第一部的现象,这说明当时日本普及教育的程度很高,初中毕业生比较普遍了。1942年,文部省向各地方行政长官下发《关于改革师范学校制度事宜》,表明要将师范学校统一为官立并升格为专门学校(类似于高职院校)的意图。1943年3月,《师范教育令》修改公布,师范学校被正式定为官立学校并升格为专门学校。此修改令还规定,每一县至少要开设一所师范学校。遵照这一规定,同年4月,全国共设官立师范学校56校,①日本的师范教育跨入了高等教育的层次。

从以上日本师范教育制度进程可以看出,创办于明治初期的日本的师范教育,在短短70余年间,学校规模不断扩大,学生数量迅速增加,表明日本政府重视教育,对师范教育的投入大、效果快。《师范学校令》规定,高等师范学校学生学费由国库、普通师范学校学生学费由地方财政负责。进而1886年6月,文部省颁布《普通师范学校男师范生学资要相》,规定对学生有"食物、被服、日用品、洗理费、一周零用钱"五项补助,其中被服包括冬衣、夏衣、衬衫、外套、鞋袜等九种,日用品包括笔、墨、纸等六种学习用具,在当时国家经济并不充裕的情况下,这种待遇是相当优越的,吸引了大量青年入学。学生毕业后作为义务,需在所属地方的小学服务五年。

普及师范教育使得日本在短时期内得到了相当数量的中小学教师,培养

---

① ［日］文部省.学制120年史[M].東京:ぎょうせい,1993,82.

了大量的毕业生。据统计，1894年，日本全国有小学24046所，学生350万；中学103所，学生3万；各类专门学校、师范学校和大学113所，学生超过2万。1896年，小学毕业生已超过50万，中、高等学校毕业生超过1.1万人，其中大学毕业生440人，①师范教育为其学校教育的普及做出了突出贡献。

　　但是当日本走上对外侵略道路之后，天皇极权主义国体下的国家主义思潮成为其师范教育的思想根源。由此，日本在培养师范生的层面上，也带有严重的国家主义倾向，最终走向军国主义师范教育。

第二节　国家主义、军国主义教育思潮催生"忠孝型"教师

一、森有礼的国家主义教育思想与"三重气质"的教师德性

　　森有礼（Mori Arinori，1847—1889），鹿儿岛人，1865年留学英国学习法律，闻讯国内明治维新后于1868年回国。回国后任日本外务省官员，1872年作为日本驻美公使、1879年作为日本驻英公使出使美国、英国等国，1885年在伊藤博文组阁内任日本第一届文部大臣。1886年主持制定《学校令》，包括《帝国大学令》《小学校令》《中学校令》以及前述《师范学校令》。《学校令》打破以往教育法令统一规定各级各类学校的惯例，按照层次分别规定大学、中学以及小学的各相关事项，并将师范教育置于普通学制之外与之形成两条平行的轨道，表示出对师范教育的极大重视。

　　对于森有礼的教育思想，日本学者普遍认为国家主义思想是其核心概念。在森有礼看来，教育不是为国民，而是为国家，教育是"富国强兵"的手段，因此说森有礼是国家主义教育体制的确立者。②

---

① 赵健民、刘予苇主编.日本通史[M].复旦大学出版社，1989，180.
② ［日］本山幸彦.明治国家の教育思想[M].京都:思文閣，1998;［日］山住正己.日本教育小史[M].東京岩波書店，1987;［日］堀尾輝久.天皇制国家と教育[M].東京:青木書店，1998，等等。

　　森有礼的国家主义思想是基于对儒家批判的基础上的。他认为孔孟之道过于疏略，非现实、不实用，因而鼓吹"国家主义"，认为国家富强的根本在于国民是否拥有"忠君爱国"的"志气"，主张要培养这种所谓"国民的志气"，在全国普及这种"忠君爱国之意"①。1886年颁布的《学校令》宣扬的就是这种国家主义思想。《学校令》颁布之后，规定各级各类学校课程的《小学学科及其程度》《中学学科及其程度》以及《师范学校学科及其程度》相继颁布。《小学学科及其程度》第2条规定小学课程为："小学学科由修身、读书、作文、写字、算数、体操等"，修身被置于第一位；《中学学科及其程度》第2条规定中学课程包括"伦理、国语、汉文等"，修身改称伦理，仍被置于学科首位；《师范学校学科及其程度》第2条也规定"伦理"为师范学科首位课程，提示教师要教授"人伦道德"。此时的"修身""伦理"是废除以往儒家思想的教育套路，将"伦理"区别于其他学科，并使其贯穿学校教育整体的新的道德教育。

　　具体到师范教育，森有礼更是重视教师素养，强调教师道德。《师范学校令》第1条指出，师范教育"要注重作为学生所应有的顺良、信爱、威重的气质"，强调师范生应具备"顺良、信爱、威重"这三重气质。所谓"顺良、信爱、威重"按照森有礼的解释就是，师范生要自觉"谋求自身利益只占十分之二三，而余下的十分之七八要作为国家强盛目的之手段"。也就是说，教师爱学生固然必要，但最重要的还是要教授学生学会顺从上级，强调国家的权威和绝对。②如此，"顺良、信爱、威重"代表着那个时代教师之德性，成为当时师范教育的重心。

　　以上三重气质教师形象的提出不是偶然，其根源可以追溯到森有礼个人的成长经历。明治维新前期，森有礼的家乡萨摩藩发生了对抗英国舰队的"萨英战争"（1863年）。当时，日本仍然实行锁国政策，军事、经济非常落后，面对

---

①　［日］藤田昌士.学校教育と愛国心[M].東京:学習の友,2008,43.

②　［日］山住正己.日本教育小史[M].東京:岩波書店,1987,49.

英国的坚船利炮,萨摩藩完全没有抗争能力,完败英国。16岁的森有礼目睹了这场战争,看到了日本的贫弱。两年后,森有礼被萨摩藩派往英国留学,留学期间,森有礼边学习边游历英、法、俄等国,参观各国的造船厂、兵器厂,目睹了西方各国经济、军事先进的种种景象,产生了深深的自卑,因而回国后,他一心致力于日本近代教育。作为驻美公使期间,森有礼广泛与美国学界探讨教育对国家发展等问题,特别是作为公使出任英国期间,受德国俾斯麦强权国家主义思潮影响,在启动近代教育问题上与伊藤博文达成共识,进而形成其国家主义教育观,力主学校是集结、选拔年轻人的机关,教育要为"富国强兵"做贡献。

森有礼认为"学问与教育要区别开来",提出"日本教育之目的不是培养具有学术、技能的人,而在于造就日本人。因此,要放弃西方学校教育的规则,斟酌陆军士官学校的做法……其根本在于忠君爱国的精神"。这种"教育不与学问结合,而与军事不可分"的想法表明了其"教育是国家行为"的动机。[①] 为此,"《学校令》将学术研究与教育分开,帝国大学是学术研究机关,中小学是一般教育机关,是培养忠君爱国的臣民的地方"[②]。而培养臣民毫无疑问必须依靠师范教育。因此,师范教育采取寄宿制、兵营制,军队式的操练成为训练师范生"顺良、信爱、威重"的主要手段。

二、军国主义教育造就"忠孝型"教师

日本一方面通过普及教育,特别是推进实业技术教育推动其生产力的发展,另一方面依靠对朝鲜等殖民地的掠夺发展资本主义产业。19世纪末20世纪初,日本经济开始向垄断阶段过渡,成为后起的资本主义国家。然而近代教育促进产业近代化后,日本并没有在此基础上完成其自身的近代化,反

---

① ［日］堀尾辉久.天皇制国家と教育[M].東京:青木書店,1998,278.
② 吴廷璆主编.日本史[M].南开大学出版社,2000,588.

而陷入军国主义泥潭。这是因为日本的资产阶级革命不彻底,传统的封建军国主义和皇道伦理思想始终将教育把控在了国家统制之下。

甲午战争前后,日本逐步形成国家主义教育体制,强调要培养具有国家观念和忠君爱国的臣民。甲午战争使得日本获得了巨大利益,其侵略野心不断扩张,战争魔爪伸向了亚洲大陆。为了实行军国主义扩张政策,日本政府加大对国民的教化管制,加快国家主义教育体制的确立。

1889年颁布的《大日本帝国宪法》和1890年颁布的《教育敕语》是日本国家主义教育体制的理论根源和法律依据。《大日本帝国宪法》高调宣扬"大日本帝国由万世一系的天皇统制"(第1条),"天皇神圣不可侵犯"(第2条),这是对其天皇制国体的基本阐释。《教育敕语》则与之相应,明示要"扶翼皇运之无穷","继承皇祖之遗训",培养臣民对天皇的忠诚,这是日本教育之根本。《教育敕语》作为明治时期日本教育的最高大典,明确了天皇制国家的基本精神和国民教育的中心课题,它"是近代日本教育的根本之道思想,是学校教学的最高典范……政府强令各学校通过对学生的修身教育,向学生灌输忠君爱国思想,这种思想教育成为天皇制政治体制的精神支柱,在后来的法西斯专政时期,则成为法西斯统治的思想武器"①。"根据《教育敕语》进行的忠君爱国的国民教育,在明治、大正时期的振兴国运的过程中,起到了无法估量的巨大作用。"②这种体制下的教育必然走向统治国民思想,培养恪守封建伦理的臣民的道路,师范教育也不例外。

19世纪末20世纪初,日本的劳工运动和早期社会主义运动不断高涨,对于走上帝国主义道路的日本政府构成极大威胁。为了应对这种事态,日本政府成立内阁直属咨询机构——临时教育会议,针对国内的问题、特别是对国民的教育问题进行审议,以明确"国体之本意"。

---

① 田桓著.日本战后体制改革[M].经济科学出版社,1990,431~432.
② [日]坂本太郎.日本史概说[M].汪向荣、武寅、韩铁英译.商务印书馆,1992,489.

临时教育会议成立于1917年,1919年解散。在短短两年内,会议相继发表了《关于为确保教育效果的建议》《关于振兴军式体操的建议》和《关于通俗教育》,针对社会教育做了重要指示,这些指示对当时教育政策乃至师范教育具有极大的影响。

《关于为确保教育效果的建议》宣扬"要明确国体之本义并使之弘扬内外",强调以天皇为中心强化家族国家制度。《关于振兴军式体操的建议》要求学校要开展军事训练,从德育、体育以及军事知识和技能等方面对学生进行教练,以使学生养成作为士兵所应具备的能力和素养。[①]《关于通俗教育》提出要重视社会教育行政,在政府和地方自治体设置社会教育行政官,加强各团体与行政之间的联络和统一。[②] 这些内容表明政府要依靠行政权力组织和统治当时社会上既存的各种活动团体,用以统一国民的意志,师范教育当然也未能幸免。

1929年,世界经济大危机发生,受其影响,日本经济受到猛烈冲击,再加上自身农业大面积歉收,国民生活水深火热,阶级矛盾日益加剧。于是,文部省于同年8月发出《解救时难的途径》,拉开了为"唤起国民觉悟"的教化总动员运动。教化总动员运动奖励"振作国民精神",宣扬"国体观念",加强对各种社会教化团体统制和对国民思想的管制。随后1933年,发生了镇压宣扬自由主义的京都帝国大学"泷川事件"[③],1935年,封杀了"天皇机关说"[④]。这些事件的发生表明了日本天皇制法西斯化的急速进展。

为了否定"天皇机关说",文部省于1935年4月发布训令《关于教师及学者要贯彻国体之本义的任务》,提出了"天皇主权说"中心的"国体之本义"的理

---

① ［日］文部省.資料臨時教育会議[M].東京:文部省,1979,144~145.
② ［日］文部省.資料臨時教育会議[M].東京:文部省,1979,155.
③ 京都帝国大学法学教授泷川幸辰宣讲西方刑法,被认定是反国家反政府行为,遭到停职处分。
④ 贵族院议员美浓部达吉主张天皇是国家(国民)的一部分,被视为是反国体行为,遭到封杀。

念。1937年文部省编纂《国体之本义》，强调所谓"国体"即"敬奉万世一系的天皇皇祖之神圣且永远归顺其统治"，而国民作为"臣民"，"敬奉天皇、遵守皇道"是完全出于自然。《国体之本义》的出台制造了天皇核心的"国体论"思想。

1937年，为了配合全面侵略中国，日本政府发起"国民精神总动员"运动，号召"举国一致、尽忠报国、坚韧持久"[①]。1940年，内阁提出《建立以皇国为核心、日满支牢固结合为根基的大东亚秩序》的方针，解散了所有政治结社。文部省也于1941年编纂《臣民之路》，宣扬大东亚共荣圈思想，鼓吹通过日满支三国为主的大东亚共荣圈的建设，建立"国际新秩序"是日本的使命。

同年，日本政府颁布《国民学校令》，明确"战时体制下的教育"的目的在于"遵守皇国之道，实施初等教育，练就作为国民的基本素养"。同一时期，教育审议会也做出《关于兴亚教育事项》的报告，提出了"通过社会教育普及东亚知识，培养作为统治国民的见识和修养，养成海外进出的风气"的课题。由此，以"国体论"为中心、与"国防国家"和"大东亚共荣圈"三位一体的日本天皇制法西斯意识形态得到确立，[②]日本军国主义走上了轨道。

国家主义、军国主义思潮下的师范教育，其主导思想是"忠君爱国"，"臣民教育的承担者"是教师人格形成的重要内容。前述1943年修改公布的《师范教育令》明确规定师范学校的目的是"遵守皇国之道，练就能够成为国民学校的教员"；高等师范学校的目的在于"遵守皇国之道，练就能够成为中学及高等女子学校的教员"。在这里，"皇国之道"取代了明治以来的"顺良、信爱、威重"这一教师的专业性格，国家主义教育思想被强加于国民身上，师范学校成为培养能够承传这种所谓"国家教育思想"接班人的最佳土壤。

如果说明治时期"顺良、信爱、威重"的教师道德有着为对抗西方列强，建立民族精神，以国家利益为重的国家主义意涵在内的话，那么昭和时期的国

① ［日］文部省.学制120年史［M］.东京:ぎょうせい,1992,91.
② ［日］木坂順一郎.日本ファシズム国家論［M］.东京:日本評論社,1979,31.

家主义则是为其对外侵略扩张呐喊助阵的军国主义思潮,极端的民族主义思潮,这二者有着本质的区别。特别是师范教育军事化的管理和教化,极大地迎合了军国主义教育。因而,有日本学者一针见血地批判其二战前的师范教育是"军国主义化的一大动量","师范教育的军事化……成功地将学校教育整体引向了军国主义"。①

三、军国主义师范教育的实施

我国学者研究认为,"军国主义教育是指日本政府和军部为加紧向外发动侵略战争,把国家置于军事控制之下,实行法西斯独裁统治。在教育上大力灌输军国主义思想,教育从培养目标到教育内容及方法,皆纳入战争的轨道,建立为侵略战争服务的教育体制"②。

军国主义思潮下的日本教育,整体上是国家至上,以军事训练为核心的。具体到师范教育,师范生并未因为1883年《征兵令(修改)》免除师范生三年义务兵役的规定而幸免,相反的是师范学校内的军国主义、军事化教育越演越烈。1889年,《大日本帝国宪法》颁布后,本着"小学教师也应该涵养国民三大义务之一的军役的基本精神"之规定,小学教师也被要求服军役六周,后随着第一次世界大战的扩大化延长到一年,由此,军事化教育由现役军人的小学教师直接传给了小学儿童。到了20世纪20年代,军部③完全左右日本政界,有关学校教育的规定由文部省和陆军省联合发文实施。根据1924年《军事教育纲领》之规定,"为了对小学生实施良好的军事训练,免去师范学校学生现役军人年限的特惠",也就是说,师范生也和一般民众一样照服兵役,且被免除了特惠期限。至此,由于师范学校军事教育的加重、教师军队教育的延长,日

---

① [日]堀尾辉久.天皇制国家と教育[M].東京:青木书店,1998,315.
② 王桂编著.日本教育史[M].吉林教育出版社,1987,240.
③ 军部:二战前日本国家机构的重要部门,包括陆军省、海军省、参谋本部、海军军令部等,把控着日本的军事和政治大权,是日本军国主义的堡垒。

本学校教育整体完全走向了军国主义。

师范学校的军国主义教育主要分为思想灌输和军事操练两大部分。1907年《师范学校规程》规定师范学校"培养富有忠君爱国志向,尤其重要的是能够让学生明确忠孝大义,振作国民情操的教员"(第1条);"修身课遵照'教育敕语'的宗旨,培养在思想道德情操以及行为方面为人师表、具足威严的教师,同时让他们学会今后在小学教授修身课的知识和方法"(第8条 修身)。1910年《师范学校课程要目规定》中修身课的教学方法如下:

第一学年　每周二课时

背诵默写《教育敕语》全文并理解复述

学习心得:有关师范教育的法令及其学校规则中有关学生的规定

道德要领:皇位和皇室(皇位、皇统、皇室、敬称)

国家(国家的成立、国体、臣民、国宪、国法)

家庭(家、祖先、父子、夫妇、兄弟、亲族、奴仆、忠孝、爱国)

第二学年　每周一课时

复习前学年《教育敕语》

背诵默写《戊申诏书》全文并理解复述

道德要领:社会生活

合作的精神、公务、自治、公益、秩序、风俗

诚实、勤勉、信义、公俭、礼节、博爱

人格、自我修养、职业、名誉、财产、权利、义务

国际交流:对外国的信义、对外国人的礼仪和交际

第三学年　每周一课时

复习前学年《教育敕语》

普通伦理学:行为、良心、至善、本职及其德目概要

教师心得:教师对于国家社会的职责、教师道德、修养之方法

小学修身课教法:课堂目标

教材的选择及其学习顺序

教学方法

教具及其教学过程中的重点、要点

小学修身课之教材、图书等资料的研究

第四学年　每周一课时

我国国民道德的特性:我国道德的由来

《教育敕语》的颁发

课程总结:忠孝一致、爱国奉公、共同生存、国家独立等①

　　以上教学内容的传授要遵循和活用《教育敕语》的宗旨,以明确其中意涵,把握日本国民道德之特性。从以上修身课内容可以看出,《教育敕语》贯彻始终,"忠君爱国"成为关键词。

　　"忠君爱国"的思想源于日本"家族国家"的政治形态。所谓"家族国家"是指将家族与国家、神权与人权融为一体的政治概念,它"源于日本特有的家族制度及其由此产生的家长权威主义"。日本的家族制度的核心是父子关系,其家庭伦理观念虽然源于儒家的"孝",却将"孝"的根本含义和所要达到的最高目的延伸到对祖先的祭祀,它超越了现实家庭的概念,尤其强化祖先的神力,因此促成了其民族文化中特有的神祇信仰的因素。这种强调家长权威的一元化、纵向的家族概念延伸到国家,天皇就成为日本这个大家族的家长,具有至高无上的权威。如此,"家族国家把以父子关系为中心的家族制度原理扩大运用到整个国家的组织形式和统治关系中,成为统治集团谋求政权稳定和社会向心力的重要手段"②。由此看来,师范教育所言"忠君爱国"并非我们一般意义上的对祖国对国家的忠诚和竭力,而是贯彻"扶翼皇运之无穷"和"继承皇

_____

① [日]宫原誠一他.资料·日本现代教育史·4[M].東京:三省堂,1973,161~162.
② 武寅.近代日本政治体制研究[M].中国社会科学出版社,1997年,第四章第三节。

祖之遗训"的狭隘的忠孝,这从以上师范学校第一学年修身课之"道德要领"等要求中一目了然,"忠孝"成为这个时期教师伦理的集中体现。

另外,第二学年课程中的《戊申诏书》及其"道德要领"之社会生活中"合作、公务、秩序、勤勉、公俭"等字眼,也是为其特殊的社会需求服务的。日俄战争之后,日本国内经济危机与其扩大军备的国策形成巨大反差,国际上面临国际关系新格局下的重大选择。为此,1908年10月,日本政府发布《戊申诏书》,号召国民要"上下一心、忠实服业、勤俭治产……自强不息",做"忠良之臣民",以"恢宏维新之皇道,宣扬祖宗之威德"。换言说,"合作、公务、秩序、勤勉、公俭"等美德并非作为社会公民的道德,而是为解决经济困境,为当时日本政治服务的一种必须。这与前述三重气质的师德理念一脉相承,也是"忠孝型"教师形成的理论依据。

1937年侵华战争以及1941年太平洋战争爆发以后,"国家主义""军国主义"充斥着学校教育整体,中小学课程中除去修身课以外,地理课、历史课以及学校教育目标整体都服务于军国主义,培养具备国民精神的"忠良臣民""练就皇国国民"成为唯一指令,各级各类学校都从"知识学校"演变成了"练就国民的道场"①,神风敢死队的少年们喊着"让我们相会在靖国神社吧"的口号,驾机冲向美国军舰的疯狂举动就是其"忠君爱国""皇国之道"师范教育的极端后果。

再看军事操练部分,随着19世纪末20世纪初日本军事扩张的不断深入,军事教育成为日本教育整体的重要内容。1923年4月,文部省成立"国民军事教育委员会",同年12月改"国民军事教育"为"青少年教育",以避免军国主义思想太过招摇。

按照前述临时教育会议发布的《关于振兴军式体操的建议》要求,师范学校实施兵营式训练,着军装、寄宿制,严格要求军纪和校规,并以军队编制全

---

① ［日］柴田義松、斉藤利彦.教育史[M].東京:学文社,2013,121.

面开展军队体操教育。这一军国主义教育体制渗透在各级各类学校，军事化教育不仅在师范学校，连小学、幼儿园也未能幸免。1925年，政府发布《关于振作学校军事操练》的公文，决定"要迅速在小学实施军事操练"，毋庸置疑，承担这一重任的师范学校中，军事操练成为其核心课程，直至日本投降。但是非正义战争的结果必然是自取灭亡。日本二战前的师范教育已经成为其军国主义、帝国主义的照妖镜，因此也是二战后日本教育改革的重点目标。

第二章

技能——二战后①师范教育的重点

第二次世界大战结束初期,在占领军的监督指导下,日本开始了脱胎换骨的教育改革。此次改革的宗旨是否定二战前以"军国主义""国家主义"为指导思想的教育,在民主主义的原则上制定新的教育制度。师范教育改革作为其高等教育制度改革的一部分,以"开放式"培养取代战前"封闭式"培养制度,并以法律的形式规定中小学教师均要通过大学培养,同时实施教师资格证书制度。由此,师范教育规模得到扩展,很大程度上解决了二战后日本经济恢复和社会发展对于人才培养的需求。

---

① 二战后:特指第二次世界大战结束初期,日本学界普遍认为到1956年。后述"战后改革"亦指二战后初期日本政治、经济、教育等领域的改革政策。

第一节　战后教育改革与师范教育

一、战后改革清算军国主义教育思潮

1945 年 8 月 15 日,日本战败投降,随着麦克·阿瑟抵达东京,日本开始了被以美国为首的联合军(以下简称占领军)占领,推行"非军事化"和"民主化"的时期。占领军为了督促日本尽快完成民主化改革,于 1945 年 10 月成立了联合国最高司令官总司令部(GENERAL HEAD QUARTERS,简称 GHQ),其中设立了负责教育改革的民间情报教育局(CIVIL INFORMATION & ED-UCATION SECTION,简称 CIE)。

占领军对日本的教育改革政策以《波斯坦宣言》为主要依据,力求清除日本军国主义和超国家主义的因素。1945 年 9 月,占领军颁布《日本战败初期美国的对日政策》,在政治改革的层面明确,要"在理论和实践两方面将军国主义以及极端的国家主义(包括军事操练)从其教育制度中予以清除";从个人的自由和宣传民主主义的视角,大力宣扬和奖励"宗教与信仰的自由,不得披着宗教的外衣向日本国民鼓吹国家主义、军国主义的组织和活动,同时给予日本国民学习美国及其他民主主义国家的历史、制度、文化及其成果的机会并奖励此类事情"①。

然而战后教育改革并非一帆风顺,从二战末期开始,日本政府最为关心的不是国民的生存和生活问题,而是"天皇""国体"能否得到维护和保持。1945 年 8 月 15 日,《朝日新闻》发表题为《一亿人悲恸的秋天》的社论,仍然大肆鼓吹"感谢天皇之御心,永远保持大东亚宣言和神风敢死队精神"。在《新日本建设的教育方针》(1945 年 9 月 15 日)中,日本政府仍然强调"维护国

---

① [日]五十岚显、伊ヶ崎晓生.战後教育の歴史[M].東京:青木書店,1972,44.

体"和"昂扬国民道义",可见二战前"天皇""国体"以及"道义"的思潮仍在起核心作用。

针对以上日本政府"维护天皇""保持国体"的改革政策,占领军于 1945 年 10 月至 12 月连续下发四大教育指令:《关于对日本教育制度的管理的指令》(1945 年 10 月 22 日)、《关于对教职人员的调查、清除及认可的指令》(1945 年 10 月 30 日)、《关于对国家、神道的指令》(1945 年 12 月 15 日)和《关于废除修身科、国史科、地理科的指令》(1945 年 12 月 31 日),全面否定日本政府"维护国体"的教育政策,对当时的教育改革产生了极大的影响。其中,《关于对日本教育制度的管理的指令》,具体规定了如下主要内容:

关于教育内容:第一,禁止军国主义及极端的国家主义意识形态的泛滥,禁止军事教育和军事操练;第二宣传并厉行议会政治、国际和平、个人的尊严、集会和言论的自由、信教自由等与基本人权思想相符的教育和实践活动。

关于教职人员:第一,尽快调查所有教职人员,辞退职业军人、宣传军国主义和极端国家主义以及抵抗占领军政策的教员;第二,恢复因自由主义、反军国主义而被解职的教职人员的职务;第三,禁止因人种、国籍、信仰、政治上的不同及社会地位的不同而区别对待学生和教职人员;第四,关于政治上的自由、公民的自由、信仰的自由等问题,可以自由展开论争;第五,对学生、教职员以及一般社会进行日本占领的目的和政策、议会政治的理论和实践的宣传。

关于课程和教材:第一,要剔除教学科目和教科书、教材中军国主义、超国家主义的要素;第二,准备新的教育二科目、教科书和教材;第三,教育重建要优先考虑初等教育和师范教育。①

---

① [日]五十嵐顕、伊ヶ崎暁生.戦後教育の歴史[M].東京:青木書店,1972,152~153.

　　四大教育指令极大地打击了当时日本统治阶层中主张维护天皇制集权主义教育政策的势力,表明了占领军对日教育改革政策的基本态度。由此,日本的教育改革进入了否定国家主义和军国主义,建立民主主义教育理念的阶段。

　　除去以上有关批判天皇制教育的改革,占领军还对日本的教育内容、教育制度、教育行政等方面的改革进行了指导。1946 年 3 月 5 日,美国派遣教育使节团来日进行教育考察,同月 30 日形成第一次《教育使节团调研报告》(简称《调研报告》)。《调研报告》力说自由主义和个人的价值,主张日本教育近代化的方向是教育内容要符合近代市民的成长。《调研报告》全文分为:第一章(日本的教育目的及内容)、第二章(国语课的改革)、第三章(初等及中等教育的教育行政)、第四章(教法及教师培养)、第五章(成人教育)以及第六章(高等教育),涉及了日本教育的方方面面,提出了教育近代化的理念和方法,对日本战后的教育改革起到了重要的指导作用。

　　受《调研报告》基本精神的影响,1946 年 11 月,《日本国宪法》制定颁布,规定了"国民的生存权"(第 25 条)、"国民受教育的权利"(第 26 条)等事项。1947 年 3 月,《教育基本法》制定颁布,明确了"教育的目的"(第 1 条)、"教育的方针"(第 2 条)、"教育的机会均等"(第 3 条)以及"提供条件"这一教育行政的任务(第 10 条)等内容。"《教育基本法》作为战后教育民主改革的主要法律,具有取代战前《教育敕语》的重要作用,具有战后新的教育宣言的意义。该法的突出特点是强调发挥教育的自主精神,反对各级政府对教育进行不正当的干预。《教育基本法》的制定和实施,结束了《教育敕语》对二战前约半个世纪期间内的统治,实现了军国主义教育向民主主义教育的转变。"[1] 特别是《教育基本法》开头提出"要重视个人的尊严,培养爱好真理、和平的人",被称为日本最初的"人权教育宣言"[2]。

---

[1]　田桓著.日本战后体制改革[M].经济科学出版,1990,458.

[2]　[日]宗像诚也等.占领下の教育政策.日本資本主義講座 2[M].東京:岩波書店,1953,348.

《调研报告》第四章(教法及教师培养)围绕中小学课堂教学的方法、教师职业的意义以及师范学校的培养目标等进行了全面论述,其中反复强调在普及民主主义思想过程中教师的作用,指出"师范学校的工作即为推行民主主义教育的代行者"。为此,师范教育要培养教师:"第一,通过高等教育培养教师言语精炼、善于表达等能力;第二,培养教师理解文学、美术及其评价等现代文明;第三,培养教师掌握一定程度的近代科学知识,能够一定程度地理解近代社会公民应对社会经济、政治的特性所带来的特殊问题。"①

占领军所提出的师范教育的要求,思想观念上以民主主义为纲,培养目标上落脚于近代科学知识和课堂教学等教师所应具备的能力上。它否定了二战前日本为国家、为天皇效忠的师范教育的发展模式,为之后日本师范教育的发展起到了重要的指导作用。

二、新制师范大学打造"技能型"教师

二战后,日本师范教育遵循两大原则:一为"大学培养",二为"开放式"培养。针对二战前日本教师对上顺从、对下威严的所谓"三种气质",二战后师范教育的重点是现代知识的掌握和教学能力的提升。这和这个时期日本大学办学方针的转变密切相关。二战后,日本大学一改战前为了国家需要、执行国家指令的定位,追求"学问的自由"和"大学自治",力求扩展一般学科的知识内容,坚持研究与教育相统一,鼓励教师通过自身的学术研究来唤起学生对学问的热情。这种导向必然会影响到师范教育。

1946年9月,教育革新委员会第十次总会就教师培养问题做了审议,提出要在大学中设立培养教师的机构,以提高师范教育的规格。1948年6月,《新制国立大学实施要纲》颁布实施,其中明确了"一府县一大学"的原则,要求以往的官立诸学校合并为新制大学(四年制大学),在这些大学中均要设有

---

① [日]宫原誠一他.资料·日本现代教育史·1[M].東京:三省堂,1974,69.

培养中小学教师的系科。

1947 年 3 月,《学校教育法》制定公布,规定小学学制为 6 年、初中为 3 年、高中为 3 年、大学为 4 年,所谓 6-3-3-4 制得到确立。随着中小学新学制的实施,中小学教师的需求量也急剧增加,只靠一般大学培养教师,远远不能满足社会对教育的需求。因此,建立专门培养中小学教师的大学成为当时日本教育界亟待解决的问题。为此,教育革新委员会经过反复讨论,建议在旧制师范学校中选出若干学校合并组成以培养中小学教师为主的大学,以解决中小学教师短缺的问题。这样的大学被称为学艺大学。①

1949 年 5 月,《国立学校设置法》制定公布,为上述教育革新委员会的建议提供了法律依据。该法律公布后,二战前专门师范学校合并为学艺大学,二战前官立诸校合并为国立综合大学,综合大学中要设学艺系或者教育系。②由此, 日本中小学教师的培养由二战前的师范学校被四年制的大学所替代,从昭和初期开始探讨的师范学校升格的问题终于尘埃落定。

作为二战后日本师范教育两大原则之一的"大学培养",立足以下三个原则:第一是以大学普通教育为前提;第二是排除课程内容的政治影响,立足学问;第三是在保证思想、言论自由的环境下培养。③不难看出,这三个原则都是针对二战前日本师范教育的弊病而言的。特别是立足学问这一原则,突出了政府"技能型"教师培养的决心,这也是二战后日本国家发展之亟须。换言之,日本二战后的教育改革和发展,要求教师要主动钻研学术,能够开展适应实际生活的教育教学活动。这是那个时期日本教师素养的核心要素。1953 年,各学艺大学以及普通大学中教育系和学艺系的首届毕业生步入教育界,在提高日本中小学教育水平方面做出了突出贡献。

---

① 学艺大学:相当于我国的师范大学,20 世纪 60 年代普遍改为教育大学。
② 学艺系和教育系:相比较于教育系,学艺系更偏向课堂教学等教材教法技能的学习。
③ [日]佐久间亜紀.六年制教員養成の問題点[J].現代思想,2010(4),176.

在师范教育课程方面,二战前的中小学教师教什么、怎么教都被国家严格规范,课堂教学只能是停留在形式上,不讲究教法只一味灌输,因此其师范学校课程里也少有教材教法的内容。而二战后教育改革之后的师范教育十分重视作为教师的一般教养和专业技能,特别是教学方法的习得。换言之,具备现代公民的品德,能够运用科学的方法将学科知识传授给学生,才能撑得起中小学课堂。这一导向拉开了"技能型"教师培养的序章。

师范大学的课程普遍分为通识教育(社会、人文、自然三大领域)、学科教育(语文、数学、外语等各学科的教材、教法)和专业教育(专业理想、学生指导、毕业论文等)三大部分,注重从教育理论、学科知识和教师专业的层面提升作为未来教师的素养,以培养适应战后发展的、具有新时代使命感的中小学教师。

占领军在宣传民主主义教育思想的过程中,强调教师要研究儿童,尊重学生发展的不平衡性,保持课堂上的机会均等,鼓励学生参与社会活动。这是现代教育学、心理学理论和杜威"儿童中心"主义的宣扬,也是培养"技能型"教师的具体指导。这种全新的教育理念对于一贯以国家为中心、以国家指定教材为中介上课的日本中小学教师,具有很大的挑战性。为了尽快改变这种局面,全面推行新学制,日本政府下大努力进行整改,在修改教材的同时,号召大力研究课堂教学,努力营造乐中学、玩中学这种活动型、讨论型课堂环境。

小资料2

边游戏边学习——给教师的学习指导纲要(没有教材也无妨)

不是"教给他",而是"让他学"的教学方法:

一、指导适应儿童本能的自主性学习。

二、指导儿童结合生活环境和四季变化开展学习。

以这两个为条件，努力让孩子在本能中实现教育的目的，在充满快乐的氛围中开展学习。不要总说"别贪玩了，快学习吧"，教师要投入学生的"玩耍"中，从中找到自然性的学习，让教育融入自由的氛围中。例如三年级理科课的"亲近动植物的生态"这一主题，将其想成一个单元，老师可在各学科教学中汲取相同点开展教学。

国语课 三年级第三课学习"收集单词"

一班 收集花的名词

二班 收集虫的名词

三班 收集鱼的名词

四班 收集鸟的名词

之后将收集到的名词画成画贴在教室的墙壁上。这样的学习不仅停留在背诵文字和文章上，还融入了绘画、手工、音乐等内容。可见，不是教师在黑板上写字，学生做笔记的学习，而是在学生活动中、生活中抓住学习了要点。

《夜姬》是长达17页的课文，说的是古老的神话，可以让学生通过色彩艳丽的话剧开展学习。

……

算术课

一般我们印象中的算数课本上都是数字、应用题等，但是一年级的新算术课本比国语课本还漂亮呢，就像绘本一样都是插画。比如"春天来了"将孩子玩耍的插图和播种的插图混为一体，展示了栩栩如生的一年级孩子生活的样子。在此基础上展开数理的世界："有几棵秧苗？""赛跑中谁第一名？谁第十名？"和理科学习一样，这里也没有说教。

二年级的"自行车"学习中，将爸爸的自行车和孩子的小三轮车相比较,展现出一幅如何快速蹬车才能不被追上的画面,这里边其实包含着"圆的大小"的学习。

各科学习要突出特色,且每个学科尽量与其他学科保持横向联系。

······

资料出处:[日]朝日新聞[N].1947-3-25,(20).

小资料 2 中所现日本小学的教材和教学方法,站在当代学校教育的立场,这种"儿童中心""寓教于乐""宽松学习"的理念和方法似乎已经习以为常,在国际上也达成了共识。但是从二战后初期的节点来看,能够将这些理念理解并转化成为课堂教学的具体步骤,实乃难得。更何况,当时的日本中小学教师只会灌输国定教材,从未研究过教法,这种"技能型"的课堂教学对他们来说,可以想象其难度之大。《朝日新闻》刊载这样的文章,目的就是帮助一线教师尽快习得民主主义教育的教学方法,保证六三制基础教育的普及和质量。

《朝日新闻》作为日本影响力极大的报刊,刊出小学课堂教学这件事本身,就代表了日本政府对教育改革的态度,具有很强大的指导力。这一系列措施促进了二战后日本师范教育的发展,使得中小学教师逐渐掌握了实效性的教育教学能力,成为有科学理论依据的、有操作能力的课堂能手。

此外,《教师资格证书法》颁布(1949 年 5 月)后,其他大学的毕业生如完成该法所规定的课程、取得必需的学分,经考试取得资格后,也可以到教育部门工作。这是二战后日本师范教育两大原则之二的"开放式"政策的依据(详见本章第二节)。但当时中小学中具有大学毕业文凭的教员,绝大多数是各学艺大学或普通大学中教育系和学艺系的毕业生。由此可见,二战后日本师范教育改革的力度之大,它不仅解决了当时中小学教师短缺的问题,也为其后来的经济腾飞打下了良好的人才基础。

三、东京学艺大学的课程设置

东京学艺大学①成立于 1949 年,其前身是 1873 年成立的东京府小学教员讲习所,直至二战结束前的半个多世纪中多次更名,分别是:东京府小学师范学校(1876),东京府普通师范学校(1887);东京府师范学校(1898);东京府青山师范学校(1908);东京第一师范学校(1943)。1949 年《国立学校设置法》颁发后,东京第一师范学校与东京第二师范学校、东京第三师范学校、东京青年师范学校合并建成东京学艺大学, 成为日本战后第一批专门培养中小学教师的师范大学。

作为新时代的师范大学,东京学艺大学深明民主主义教育所赋予的使命和重任,重视作为教师的职业能力,全力以赴培养对将来充满希望、有创造力、能够撑起中小学课堂的新时代教师。学艺大学的"学艺"二字所表达的是"学术自由"和"学术知识"。前者强调作为学者的人格自由和学术自由,再不受国家意识形态的把控,这是民主主义思想在教师、学者身上的体现;后者突出的是科学知识及其传授方法,也就是成为"技能型"教师,这是二战后日本中小学教师培养的重中之重。

图5　2019年重访母校

图6　2019年首都师范大学访日团参观东京学艺大学附属小金井小学

① 同时期成立的其他学艺大学,于 20 世纪 60 年代依次更名为……教育大学,而东京学艺大学为了避免和当时的东京教育大学重名,一直保留原名到现在。

建校后,随着社会环境的变动和科学技术发展的进程,东京学艺大学的课程设置先后进行了多次部分修改和全面修改。

1955年 指导思想:全面调整课程内容,特别在选修科目的设置上,力求设置目的能够取得较好成效。主要修改内容:①废除二年制课程;②加强外语教育,必修课、选修课均增加外语学分;③在初等教育课程中,开设教育学和心理学课;④设教育实习课六周,分别在第三和第四学年里各实施三周。

1966年 指导思想:反思日本战前战后教师培养制度中的各种问题,考虑社会的实际情况,同时借鉴国外教师培养制度,在此之上统筹安排课程,以肩负起教师培养的重任。主要修改内容:①总学分由136分升为140分;②在通识教育科目中开设基础教育课;③将教材教法从学科教育中独立出来;④通识教育科目的学分要在前两学年中修毕;⑤在强化本专业科目的基础上,鼓励取得其他专业方向的教师资格证书。

本章第二节将会涉及,20世纪五六十年代是日本从二战经济恢复、自立到繁荣的时期。这个时期日本师范教育的重点是加大课程的广度,强调作为教师的专业技能。上述1955年的课程中开设教育学、心理学以及实习课等规定,都是加强教师专业性的举动。

另外,资本的快速发展要求学校教育要尽快培养适应各行各业职业技能的人才,这就关系到师范大学培养课程的改革。1962年,教师培养审议会(简称教培审)发表题为《关于教师培养制度的改善》的建议书,指出"教师作为一种专门性很高的职业,要在社会上得到定位和好评,需要具备与其相符的素养和学术,这是'大学培养'的宗旨"。"随着今日社会技术、文化、学问的进步,作为教师的素养也要努力扩展其深度和宽度"。与此相应,1964年,日本教育学学会大学制度研究委员会也发表了《关于教师培养制度的意见》,主要就课程标准进行了阐述。对于小学教师培养课程,该意见书明确:"小学教师应该承担七个科目的全科教学,但鉴于当前各学科内容和教法的深化和复杂,可以考虑小学高年级分科教学的培养途径。"进而 1965 年,教培审再次发表建议书《关于教师培养课程的标准》,该建议书赞同上述《关于教师培养制度的意见》中有关小学教师承担全科教学和小学高年级分科培养的意见,在此之上还建议"要进一步加强学科教学的指导,同时,为了日后的研究和教学活动打基础,可以考虑某一学科与文科、理科、技能等同系列的、相关的两个以上学科的培养途径"①。

可以看出,这些建议在东京学艺大学 1966 年的课程里均有体现:第一,增加了学分总数;第二,为了扩展教师专业的宽度,在通识课中加大基础课;第三,为了"加强学科教学的指导",加深专业的深度,将教材教法从学科教育中抽出来;第四,为了践行"某一学科与文科、理科、技能等同系列的、相关的两个以上学科的培养"之建议,鼓励学生取得其他专业方向的教师资格证书。我国目前培养小学教师课程中有关"一专多能""兼修学科"等思路和实践,应该也是同一视角的考虑。

20 世纪 60 年代冒出的"加强学科教学"和"一专多能"的建议,完全是为了迎合财界的要求。从小学高年级段开始加深学科专业教学,实际上就是职业教育的前期准备。另外一种考虑是与当时国际动态的联动。众所周知,美国于 1958 年出台《国防教育法》,提出在中小学加强"数学、科学和外语"三个学科的教学,以快速提高中小学生的科学素养,增强竞争力。美国这种课程改革影响了西方工业各国的基础教育,日本作为西方国家阵营的一员,自然也是受到影响的。

---

① [日]宫原誠一他.资料·日本现代教育史·3[M].東京:三省堂,1974,194~198.

第二节 "开放式"、新构想师范大学的实践

一、"开放式"师范教育的一波三折

如前所述,在战后教育改革中诞生的日本新制大学,按照《新制国立大学实施纲要》的要求,均设有培养中小学教师的系科。《教师资格证书法》公布后,其他大学的毕业生如果完成该法所规定的课程,取得必需的学分,获得教师资格证书后也可以到教育部门工作。由此,中小学教师的培养一举升格为高等教育,二战前旧制度下"封闭式"的师范教育也转变成为"开放式"的师范教育。

"开放式"的师范教育在很大程度上应对了当时由于六三制的实施而带来的中小学教师的短缺问题,但从根本上说应该是战后民主主义教育改革的成果。它克服了二战前由国家和少数人把控教育的限制,改写了"效忠天皇""顺从国家"的教师的道德内涵,重视培育有自由人格、有学术知识的新时代教师。

然而"开放式"经过一个时期的实践也暴露出一些弊病。其一是设施设备问题。新制大学诞生后,作为大学的研究条件、设施设备极其恶劣,有些地方甚至利用中学校舍、部队旧址等,根本称不上是本科大学的设施水平。其二是专任教师的短缺。据记载,1949年度申请到新制大学任教的二战前师范学校教员中,只有57%的人员通过了任职审查,① 这样的人员配备是不能保证教师教育质量的。其三是对于二战前的师范教育矫枉过正,太注重一般知识而忽视了作为教师的专业理念及专门训练,再加上第二个原因,专业教师严重缺员,致使新任教师缺乏必要的专业能力,更谈不上专业理想。其四是教师资格证书滥发现象严重,大批综合大学或设有师范教育课程的大学毕业生虽然获得资格证书却没有到中小学工作,使得证书的价值下降,教师的数量供大

---

① ［日］大田尧.战后日本教育史［M］.东京:岩波书店,1980,160.

于求,质量上也出现了流于一般职业化的倾向。

为了解决上述问题,日本政府积极采取对策。1953、1954两年,《教师资格证书法》连续修改,修改法规定了一般大学毕业生考取教师资格证书时需通过文部大臣审定的课程,增加教师资格证书所需学分等事项。1957 年,日本教育学会教育行政特别委员会发表《教师培养制度改革提案》,明确提出中小学教师需具备特殊且高深的专业素养,为此,除去必要的通识教育,还需另增专业课程加以培养。1958 年,中央教育审议会(通称中教审)发表题为《关于教师培养制度的改革》的答询报告①,指出普通大学未必理解师范教育的意义和目的,不能体现出师范教育的专业性;"开放式"原则造成教师资格证书标准下降等不良结果。为尽快改善这种局面,该报告提出了强化教师的专业性,研讨确保教师质量的课程方案、资格证书以及在岗培训等改革设想。报告指出:

教师培养的基本方针

遵照国家标准,教师培养应由大学承担。为此,国家要设置以教师培养为目的的大学,并对公立大学、私立大学进行资格认定。进而,除去对被认为是适合教师培养的普通大学的资格认定之外,对于普通大学毕业而得不到师范教育的毕业生,应另辟国家资格考试的途径。

义务教育学校的教师,国家有责任担负其培养任务,以保证义务教育所需教师的数量。

为确保教师素质的不断提升,要有组织地进行在职教育。②

---

① 答询报告:原文"答申(tosin)",意为针对上级行政部门的咨询陈述意见(见金田一京助等.新明解语辞典(第五版)[M].东京:三省堂出版社,1997 年),是日本政府审议和公布有关政策的一种形式。如文部大臣向中教审提出有关"终身教育"的咨询,中教审接受咨询进行审议之后发表题为《关于全面扩充和改善学校教育的基本政策》的"答申",即答询报告(或译答复报告)。但我国部分译著、研究论文将"答申"译为"咨询报告",如贺向东、劳凯生等.中国成人教育管理运作全书[M],北京:中国物资出版社,1998,684;瞿葆奎.教育学文集·第 23 卷·日本教育改革[M],北京:人民教育出版社,1991,(目录)9;陈永明编.日本教育[M].北京:高等教育出版社,2003,244~245 等。在此一并商榷。

② [日]宫原诚一他.资料·日本现代教育史·3[M].东京:三省堂,1974,69.

为达到以上基本方针，该报告书围绕各级学校教师的素质要求、以教师培养为目的的大学的专业特点和基本要求、国家资格认定考试、教师资格证书的获得要求、在职教师的教育等事项进行了详细规定。然而这些设想仅仅停留在政策文献中，在实际的教育事业中并未得以实现，而真正拿出师范教育改革的具体措施并付诸实施是在 20 世纪 70 年代以后开设的新构想师范大学（详见本节之二）。

不难看出，《关于教师培养制度的改革》和二战后初期日本师范教育改革的走向出现了分歧，"国家要设置以教师培养为目的的大学" 的设想大有恢复二战前"封闭式"的意图。究其原因，可列举民主主义改革的不彻底性、虚伪性，国家主义、军国主义思潮难以肃清等，但最重要的是占领军对日政策的改变。众所周知，二战后，苏美两个超级大国所领两大势力拉开了东西冷战的帷幕。1947 年，美国抛出"杜鲁门主义"①，将反共、防共当作其国际战略的头等大事。因此，朝鲜战争爆发后，美国一改对日政策的初衷，转身扶植日本资本主义发展，以打造朝鲜战争的补给基地。1951 年，美国与吉田茂内阁签署《日美安保条约》，规定美军驻扎日本的条件和特权等事项，由此，日本成为美国反共、防共的远东前线堡垒。对此，中国学者高兴祖评论道："美国的对日占领大体可分三个阶段：1945—1947 年是直接间接大力推行非军事化、民主化改革的阶段；1948—1950 年是把经济复兴作为最重要政策的阶段；1950—1952 年是排除中、苏，积极推行单独媾和，以便使日本从属于美国，成为美国长久基地的阶段。"另一位学者俞辛焞也评论道："美国的对日占领政策有转变，但不是所有的政策都变了，而是转变中有不变，不变中又有变。在变和不变的错综现象中，美国争夺世界和亚太地区霸权的全球战略和远东战略始终没有变，这就是美国对日占领政策的实质。"②

---

① 杜鲁门主义：指二战后初期美国的对外政策，即美国以经济援助"自由世界"，支持西方各国把反共、防共作为对外政策的基础。

② 转引自李玉、汤重南、林振江编著.中国的日本史研究[M].世界知识出版社,2000,269~270.

　　这种政策倾向对教育领域的影响十分明显，形成对二战后教育改革的"逆流"：先有驱逐信仰共产主义的大学教师的风波（1949 年 7 月），后有美国第二次《教育使节团调研报告》（1950 年 9 月）公然叫嚣"对抗远东共产主义的最大武器之一，是已被启发了的日本选民"①。由此可见，"美国人试行民主化改革并不是对日本人民怀有什么特殊善良愿望而激起的伟大的使命感，美国人的主要目的是要彻底消灭日本可能再次拥有进行战争能力的经济结构，不再成为美国的威胁"②，其政治目的和政策实质一目了然。

　　1951 年，作为首相咨询机构，政令修改咨询委员会成立。该委员会针对各种改革提议进行审议后于同年 7 月发表《关于教育制度改革》的答询报告。该报告指出，原则上保持六三三四制，但是根据我国国情和发展需求，应该提高教育效果。为此，要克服偏重普通课程和整体划一的弊病，加大职业教育的力度，中小学课程要设计职业教育内容，特别是中学阶段要根据地区产业需求，增加实质性的职业教育。与此连动，前述《关于教师培养制度的改革》建议"小学教师根据儿童教育的需要，要具备职业教育和全科教育的能力。为此，应在专业培养小学教师的大学进行教育"，对"开放式"原则提出了异议。

　　重视职业教育的提起有着日本资本主义发展的需求，这种倾向在 20 世纪 60 年代的经济腾飞期达到顶峰。"五五年体制"③确立之后，日本财界登上政治舞台，他们不断向政界施加压力，要求加强职业教育。由此，国家利益、资本集团的要求与良知学者提出的受教育者的"权利"和"机会均等"的理念形成尖锐对立。④而同时期出现的任命制教育委员会、教科书国有化、教师评定制以及恢复双轨制学制等建议，毫无疑问也是向二战前教育体制的倒退。

---

①　[日]横山宏、小林文人.公民館史資料集成[M].東京：EIDELL 研究所，1986，371.

②　陈翰笙主编、张芝联、程秋原副主编.外国历史小丛书——日本的改革与振兴[M].商务印书馆，1993，278.

③　五五年体制：即 1955 年日本保守势力各党派和革新势力各派各自进行组合，形成了代表保守势力的自民党和代表革新势力的社会党并存的体制。

④　夏鹏翔.日本战后社会教育政策[M].社科文献出版社，2008，第四章第四节。

与此"逆流"连动,1950年,文部大臣天野贞祐发表《关于学校"文化之日①"及其他国民祭日的讲话》,提议升国旗、唱国歌;进而1951年,天野又向教育课程审议会提出重振道德教育的咨询;1958年,日本中小学开设道德活动课……可见,此阶段有关强化教师专业性以及"国家要设置以教师培养为目的的大学"的建议,并非字面意义上的、简单的师范教育领域的事情,其背后有着深刻的政治背景。正如日本学者指出,日本"战后教育改革'出发'的方法,并未十分达到'再生'和'再出发'的目的……这种基础上的'民主教育',一方面要遵守《日本国宪法》和《教育基本法》,一方面又存在着时常从内部瓦解的危险性和可能性"②。幸运的是,日本民众的民主意识和自觉性也是在这个时期成长起来的。日本教师工会(简称日教组,1947年成立)高扬"和平运动""和平教育"大旗,掀起了反对"任命制教委"(1956年),反对"教师评定"(1958年)等声势浩大的抵抗运动,体现了教师一方的政治觉悟和行动能力。随后,历史教育者协议会、教育科学研究全国协议会、日本生活教育联盟等民间自发的研究团体相继成立,成为日本民主主义教育改革的主要力量。

二、新构想师范大学的开设

从20世纪50年代后期日本经济开始全面恢复,经过60年代的腾飞期,到了70年代取得了举世瞩目的增长。1956年,在"电力五年计划"的推动下,日本电力和原油加工经济全面复兴,迎来了二战后第一次经济繁荣——"神武景气"③。同年日本经济白皮书出现了"'战后'已成过去"的字眼,表明日本已经走出战后困境。1958年至1963年,由于加大重工业、化工产业的投

---

① 文化之日:每年的11月3日,日本重大祭日之一,日本政府奖励文化、学术领域的贡献者多选这个日子,一般天皇参加并亲自颁奖。

② [日]長浜功.戦後教育の出発と陥没.講座:日本教育史4[M].東京:第一法規,1984,306.

③ 神武景气:神武是日本神话故事中第一代天皇。

入,日本迎来第二次经济繁荣——"岩户景气"①。1960 年,池田内阁提出《国民收入倍增计划》,日本继续发展重工业和出口业,1965 年迎来第三次经济繁荣——"伊弉诺景气"②。这就是通称的经济腾飞期。

经济的快速发展给教育领域带来两个影响。第一是对教育提出了新的要求,那就是要培养适应经济发展的、具有创新能力的接班人,这很大程度上取决于关系着青少年成长的中小学教师。第二个影响是由于企业景气诱人,年轻人纷纷跳槽,教育领域的人才保留问题迫在眉睫。一方面是需要人才,一方面是人才流出,摆在日本师范教育面前的问题十分严峻。为此,20 世纪 70 年代以来日本政府采取一系列相应举措,从教师的待遇、培训等方面着手加强教师教育,努力提高教师的社会地位和专业能力。

1971 年,中教审发表题为《关于全面扩充和改善学校教育的基本对策》的答询报告,在中小学教师培养问题上提出具体措施:①为保证有教育志向的人才留在教育界,提高义务教育阶段教师的工资;②实行新任教师实习制度(一年);③为在职教师开设更高程度的两年制研究生院等改革措施。1972 年开始,中小学教师的职务工资开始上调,一定程度上提高了人们对教师职业的认可和重视度。

1972 年,文部省颁发《关于国公立义务教育学校教师工资的特别对策法》,提出了针对教师额外工作时间,整体上调工资 4%的对策。1974 年,政府颁布《关于为提高学校教育水准确保义务教育诸学校教师人才的特别措施法》(通称《人才确保法》),该法明确要保证义务教育学校教师的待遇,以确保优秀人才从事教育工作。根据这一法律精神,1974 年,中小学教师新入职工资普遍上调 9%;1975 年,新设中小学教师特别补助金 7%;1977 年,提高中小学教师特别补助金,并新增学科主任、课外活动小组补助金;1978 年,再次提升中

---

① 岩户景气:岩户是日本神话中最高神——天照大神的住地。
② 伊弉诺景气:伊弉诺是日本神话故事中天照大神的生父。

小学教师特别补助金和学科主任、课外活动小组补助金,并奖励骨干教师。

这一法令改变了 20 世纪 60 年代出现的中小学教师工作繁重而工资低,师范生生源不足的状况,提高了中小学教师的社会地位和工资水平。这是从待遇方面实现上述 1971 年中教审报告宗旨的举措。

另一重要举措就是开设为在职教师进修培训的两年制研究生院。1972 年,日本教育制度研究委员发表题为《日本的教育应如何改革》的报告书,提出目前教育所面临的六大问题是:①如何确保教育内容;②如何确保幼儿、儿童的身心健康;③如何确保青年的高等教育;④如何确保身体障碍者的身心健康;⑤如何提高教师的能力;⑥如何确保教育行政的民主化。其中言及第五之"提高教师能力"时具体指出"教师作为研究者,要直接参与教育教学研究,具备自主性地编制与现代科学成果相关联的教育课程的能力"。可以看到,这里出现了新的用语和概念——"现代科学"和"教育教学研究",比较二战后初期对中小学教师素养的要求,有了一个飞跃。它反映了 20 世纪 70 年代科学技术发展带给学校教育课程的变化,也对教师素养提出了新的内涵和更高的要求。

1972 年,教培审发表题为《关于教师培养的改善措施》的建议报告,提出开设为提高在职教师素质能力的研究生院和培养具有综合素质的中小学教师这一"新构想教育大学"的提议。报告书提道:①开设以在职教师进修为主的二年制硕士课程的研究生院;②被推荐入学的在职教师主要进行课程理论、实际指导方法、学科专业知识和学校管理等教师职业所需的高度专业性研修;③此类大学的开设要考虑到地区的合理配置,同时保持与地区内教育大学、教育委员会的密切联系;④要考虑特别措施以确保入学的在职教师的身份、工资待遇以及毕业后获得更高一级的资格证书。

接受这一提议,文部省于 1973 年成立"新构想教育大学调研会"。该调查会经过一年的研讨活动,于 1974 年向文部省提交了题为《关于建立教师培养的新型大学、研究生院的构想》的答询报告。报告针对开设新构想师范大学的宗旨时指出：①教师应具备的使命感、学科教学能力、教育技术等高素质的专业能力，只依靠大学阶段的教育远远不够，还应在就职后不断进修和学习；②新构想教育大学中的研究生院，注重中小学的科学研究，促进中小学教师理论水平和实践能力的提升；③新构想教育大学中的本科，着重小学教师的职业理想教育、学科教学等实践能力的提升，以适应社会发展对于小学教师量的需求。①

1978年，中教审发表题为《关于提高教师的素质能力》的答询报告，指出"国民强烈要求中小学教师要具备广博的教养、丰富的人性和对教育事业的爱，希望他们提高作为教育者的使命感和充沛的指导能力，以加深和学生的交流"。为此，大学、特别是师范大学课程的改革措施如下：①增大学科教学、教育实习以及学生指导课程，重点招收有实际经验的一线教师入学；②为使教育实习顺利进行，要与各大学、教育委员会等相关机构联手组织，并努力加设实习合作学校；③师范大学、教育系要实施增加教师研究费等措施，并开设研究生院。②

根据以上一系列的政策建议，1978年，兵库教育大学和上越教育大学；1981年，鸣门教育大学相继成立，成为新构想教育大学。

新构想教育大学是日本中小学教师进修的重要机关，它以研究生院为主体，主要招收具有三年教龄以上的在职教师，开展与一线教育教学相关的研究活动，类似于我国的骨干教师培训。不同的是，学员通过这里的进修可获得学科教学方向的硕士学位。新构想教育大学同时设有培养小学教师的本科，培养具有教师理想和实践能力的本科学历的教师。

新构想教育大学研究生院的教学首先增加教育人类学特论、社会心理学特论、教育方法特论等通识教育的学分，在30学分当中占到10~14学分，这远远高于一般教育大学的比例，为的是扩大学生的眼界和知识视野；学科

① 张德祥.日本师范教育改革的一个尝试.日本研究[J].1990(4)，84~85.
② [日]庆应义塾大学.山本ゼミ共同研究报告书：戦後教育の変遷とゆとり教育[R]，2005，89.

教育占 11~14 学分,包含了各科教材教法研究、教育实习等;另外还有课题研究 4 学分,主要研究教学一线的问题和准备硕士论文。本科教学除去增加通识教育的学分,还加大了教育原理、教育心理学等专业教育的学分,以加深作为教师的使命感,弥补由于"开放式"培养所带来的教师专业理想的淡漠。同时,教育实习贯穿一至四年级,以增强学生教育教学的实践能力。

需要补充的一点是,20 世纪 80 年代以后, 日本的研究生教育远远地落在了其他西方国家的后边。仅从研究生占本科生的比例及每千人口在校研究生人数这两个数据来看,美国分别是 15.6%,7.1 人(1987 年);英国分别是 33.5%,2.2 人(1987 年);法国分别是 20.7%,2.9 人(1988 年);而日本只有 4.4%,0.7 人(1989 年)。① 可见,新构想教育大学一方面有着日本国内经济发展、人才培养的紧迫性,而西方国家研究生教育的普及,可以说是促进日本充实高等教育,保住其经济大国地位的一大国际背景。

新构想教育大学成立后曾被指出是"战前高等师范学校"的再现,意为又像战前一样由专门的师范院校培养中小学教师,返回了"封闭式"培养模式。然而事实并非如此。新构想教育大学是为了克服"开放式"培养的欠缺,例如前述作为教师的专业理想不够明确、专业能力不够充实等,而并未放弃这种模式。它重视在职教师的再教育,以教师的实际工作为出发点,通过学习和研究进行理论提升,再回到教育教学第一线。这种理论与实践相结合的研修方式,与 20 世纪 60 年代以来兴起的教师专业化发展理论密切相关,它既是回归教师专业化的一种体现,也是新时期教师专业化发展的开始。但由于当时这种教师专业化发展的理论还处于探索阶段,再加上新构想教育大学的数量过少,因而它虽然为日本师范教育制度的改革做出了示范,但并未形成太大影响,也未能达到预期效果。21 世纪前后"六年一贯制"和"教师研究生院"的实践,可以说是它的再出发和再发展(详见第三章、第四章)。

---

① 胡建华.世纪之交的日本战后第三次大学改革.清华大学教育研究[J],2001(2),136.

小资料3

鸣门教育大学

培养目标:为适应社会发展的要求,本大学开设以在职教师为主的研究生院,为他们提供提高其研究能力的机会;同时还有培养中小学教师的本科教学,开展与学校教育相关的理论学习和实践研究。

学校沿革:

1981年4月,根据《国立学校设置法(部分修改)》有关规定,鸣门大学成立。

1984年4月,开设研究生院,招收首批学生150名,设有学校教育专业(个人成长基础方向、学校管理方向、教育方法方向、学生指导方向、幼儿教育方向,80名);学科、领域专业(语言学方向、社会学方向,70名);成立学校教育研究中心。

1985年4月,研究生院招生扩大至200人;学科、领域专业新增自然学方向,50名。

1986年4月,首届研究生院毕业典礼;本年度研究生院招生名额增加至300名,新设特殊教育方向,30名;学科、领域专业新设艺术学方向、生活健康学方向各35名;第一届本科生入学典礼,招生200名;开设附小、附中、附属有文员和附属特殊学校。

1987年4月,本科教学新增中学教师培养课程,招生70名。

1990年3月,第一届本科生毕业典礼。

资料出处:[日]鳴門教育大学ホームページ(鸣门教育大学网页,2020).

第三章

实践——20世纪末教师教育①的反思

日本历史上经历了三次教育改革：第一次是明治维新初期的教育改革，其代表事件是《学制》的颁布；第二次是二战后初期的教育改革，催生了《教育基本法》等一系列有关教育的法律法规的出台；第三次发生在 20 世纪 80 年代，中曾根内阁直属临时教育审议会（简称临教审）所下发的教育改革系列报告，揭开了日本回顾其二战后的教育发展，同时面向 21 世纪，适应国际教育发展走向的教育改革的新篇章。其中教师教育改革的力度非常大，它关系到日本未来培养什么人的问题，包括教育实习、教师研修等环节的"实践型教师"培养得到极大重视。

---

① 鉴于 20 世纪 80 年代以来，世界各国普遍认同职前职后一体化的教师教育概念。因此，从本章开始以教师教育取代师范教育。

第一节　20世纪80年代的教育改革与教师教育

一、20世纪80年代中小学教育状况

我国学界认为,日本第三次教育改革同前两次相比有明显不同,这是因为:①以往的改革是伴随社会政治结构的变革进行的,而第三次改革是面对科技、经济和社会发展的挑战以及教育自身的危机进行的;②以往的改革是依据和引进外来模式,而第三次改革主要是以日本自身的教育现实及其实践为基础;③以往的改革是在较短时期内进行和完成的,而第三次改革经过了长期的酝酿和讨论,并且面向21世纪,具有强烈的未来意识。[①]

回顾日本近代以来的社会发展确实如此。从政体上看,通过明治维新,日本变封建社会为资本主义社会,二战后又追求民主主义社会,前两次的教育改革都是日本政治体制变革的产物;从改革模式上看,第一次引用的是西欧资本主义的思想和方法,学习科学主义和近代课程体系,第二次主要以美国民主主义教育理念为蓝本,虽然是被动学习,却也实现了六三三制,两次均为舶来之品。而第三次改革,虽然有着科学技术日新月异、经济社会快速发展这一国际大背景,但正如前述我国学者所言,最根本的原因还是来自日本教育自身的危机。

严格地讲,日本第三次教育改革始于1971年中教审答询报告《关于全面扩充和改善学校教育的基本对策》。该报告提出"初等中等教育作为人一生的成长和发展的基础,要教会学生掌握作为国民不可或缺的通识知识,同时尊重和助力学生的个性丰富发展"。为此,学校教育课程要贯穿中小学各个阶段,"严格遴选正确且基础性的课程, 指导学生在牢固掌握基础知识之

---

① 中国社会科学院日本研究所编.日本概览[M].国际文化出版公司,1988,307.

后,顺利转入符合他们能力和个性的各种课程的学习"。这一报告的重点在于加强知识中心、能力主义的学校教育,高等教育则实现以研究生教育为塔尖的"多样化""多极化"的教育结构,以适应高速发展的产业需求。虽然由于石油危机等因素的影响,该报告的意图未能达成,但其对中小学教育的负面影响是极其严重的,甚至从某种意义上讲,它直接关系到 20 世纪 70 年代以后"校内暴力""恃强凌弱"等不良现象的发生。[①] 这就是日本教育自身的危机。

与其他工业国家一样,日本走上经济腾飞轨道之后,环境破坏、人口流动等社会问题层出不穷。日本学者将这个时期称为"社会病态",并列出了晴雨表:"战前的 1935 年,包括少年犯罪,共为一百五十三万件;战后,经济开始高度增长的 1956 年,仅成人犯罪就有约一百四十一万件;此后,每年增加。1964 年约为一百六十万件……此外,少年犯罪从 1956 年的约十万件上升为 1964 年的十九万件,上升近一倍。"[②]这些社会病态每每反映在学校教育之中,引起中小学生身心发展的极大不稳定。

另外,20 世纪六七十年代经济腾飞对学校教育提出了新要求、高标准,中小学加重了知识学习的难度和考试等评价,以至于学生精神压力过重,在学校没有快乐感,问题百出。如前所述,日本财界登上政治舞台后,不断向政府提出教育要求,要求培养高精尖技术人才。日本经营者团体联盟(通称日经联)、经济团体联合会(通称经团联)等财团从 20 世纪 50 年代后期就不断发出对学校教育的"期待""愿望"或者"意见",成为《国民收入倍增计划》出台的一大背景。为了进一步回应财界的要求,1962 年,池田内阁抛出培养产业人的"育人论",同年教育白皮书《日本的发展与教育——发展教育与振兴经济》则明确提出了"将教育发展的投资看成是引起经济跃进的投资"这一"教

---

① [日]波野始.校内暴力! なぜ? [M].東京:スバル書房,1981,111.
② [日]井上清著.战后日本史[M].天津市历史研究所、南开大学历史系译校对,天津人民出版社,1972,419.

育投资论"。1965年，中教审中期报告《理想的人》出台，提出了资本本位的人才培养论，极大地迎合了财界的要求。这一系列的措施反映了国际资本主义的竞争和对人才的要求，也暴露出例如教育的机会均等、中等教育政策的偏颇等资本主义教育的根本问题。①

然而日本中小学的教育状况未必能够满足经济社会、财界对学校教育的要求。1971年，日本全国教育研究所联盟发表调查报告《关于对义务教育改革的调查意见》显示，65.4%的小学教师、80.4%的中学教师认为"一半以上的孩子听不懂"②，这部分学生被叫作"跟不上的孩子"，这一数字对于社会和家长的打击是非常严重的，也引发了日本学者的深刻思考，他们普遍认为是1958年课程改革带来的问题。因为二战后初期，占领军宣传民主主义的儿童中心、快乐学习，而1958年受美国课改影响，日本也开始了科学化系统化的、培养高精尖人才的课程改革，布鲁纳的"结构主义课程论"和"发现学习"理论成为主导。为此，中小学加大了课时和知识密度，大部分学校分快慢班，甚至还有以速度为目标的"新干线学习"。对此，大部分中小学生极不适应，出现了大批"跟不上的孩子"。当然还有另外一个原因，那就是二战后"第一次生育高峰"的孩子们都到了升学年龄，加大了这个时期的升学竞争力。

学历主义、能力中心背景下的学校教育，让被分到慢班的"跟不上的孩子"们产生了极大的卑劣感，他们享受不到好的教育资源，社会上也不看好他们，其心理焦灼可想而知。再加上1973年的石油危机，日本经济由高增长转入低增长，财政减缩、企业裁人，动摇了家长们心中的"中流意识"。为了保住"一亿中产阶级"③的"段位"，家长们拼命工作、不甘落后，"过劳死"就是这个时期的产物。同时，出于对孩子未来的考虑，拼命想让孩子考入名牌大学，被

①　夏鹏翔.日本战后社会教育政策[M].社科文献出版社，2008，第五章第二节。
②　[日]全国教育研究所連盟.義務教育改善に関する意見調査[R].1971，28.
③　一亿中产阶级：原文"一億総中流"，指20世纪六七十年代，日本中产阶级人数几乎等于全日本人口总和，贫富差距较小，生活水平均衡，是当时日本人的一大自豪。

叫作"塾"或者"预备校"的补习班如雨后春笋般冒了出来,整个 70 年代日本遍地都是"考试地狱"。这些现象更加增大了"跟不上的孩子"们的压力,成为"校内暴力""不登校"等不良行径发生的一大要因。

"校内暴力"是指同学之间势力强的一方"欺负弱小的一方以获得快感"①,多数时候强势一方为复数。这种现象从 20 世纪 70 年代开始萌出,最初表现为对教师暴力、对物品暴力和同学间暴力,80 年代以后越演越烈。对教师的暴力首先发生在大城市,之后向边缘地区逐渐蔓延;对物品的暴力包括打砸桌椅、教室门窗、洗手池、卫生间等;而同学间的暴力直接引发"欺负弱小的一方以获得快感"的"恃强凌弱"举动的爆发。据统计,1980 年 1 月至 10 月间,因为参与校内暴力而被教导的中学生有 5826 人,比前一年增加了 24.6%,受害学生人数 3152 人,比前一年增加了 53.9%。②1986 年 2 月,发生了东京都中野区富士见中学 2 年级学生鹿川裕史(当时 13 岁)无法忍受凌辱上吊自杀事件,引起了日本各界极大的关注。

小学的问题主要是"不登校"和"班级崩坏"。所谓"不登校"是指"学生因为身心各种理由,一年中超过 30 天不来学校,或者是即使来学校也不喜欢学校"③的现象。"崩坏"意为"……坍塌,失去了其功能"④,这里的"班级崩坏"意为作为班级已经不成形,上不了课了,这是班级管理层面上发生的问题。低年级和高年级的情况所有不同,低年级主要是学生不能集中精力,上课坐不住、说话,相互影响;高年级是不听老师要求,故意破坏纪律,与老师作对等。中小学的这些棘手问题并非日本一个国家,西方工业国家在经济发展过程中都有发生,业已成为所谓"先进国家"的通病。

① [日]金田一春彦等.新明解国語辞典(第五版)[M].1997,65.
② [日]慶応義塾大学.山本ゼミ共同研究報告書:戦後教育の変遷とゆとり教育[R].2005,94.
③ [日]金田一春彦等.新明解国語辞典(第五版)[[M].1997,1236.
④ [日]金田一春彦等.新明解国語辞典(第五版)[M].1997,1278.

小资料4

"恃强凌弱"是先进国家的通病

英国也频频发生网络暴力的问题。2014年,英国中部地区某14岁女生,因社会网络服务暴力(全称Social Networking Services,简称SNS)而自杀。当时已经有三名学生苦于因匿名交流、污蔑而自杀。为此,卡梅伦首相号召国民不要使用这样的网站。

美国由于是多民族国家,对于特定人种的歧视不可避免,近来网络暴力也逐渐增多。美国的教育政策是各州拥有独自的决策权,因此全美50个州,除去蒙大拿州,49个州制定了《暴力对抗法》,蒙大拿州虽然没有制定州法,但州政府层面也制定了相应的对策。

法国则从人权的角度加以对策,真不愧是掀起资产阶级大革命的国家。所谓人权是指自己的权利,同时也指他人的权利。你自己对于被迫之事应该主张"不",同样,他人也会对于你所强加的事情说"不"。这个道理告诉我们,做让对方感到"不"的事情,就是侵犯人权了。另外,利用客户终端设备(Customer Premise Equipment,简称CPE)技术在各个中学安排学生指导员的方法也很有特色。

除此之外,社区的家庭主妇也承担起学生的"监视员"。家长和学生本来就相识,又和他们离得近,攀谈起来比起学校老师还方便,因此也容易发现凌弱和打架等问题。

也就是说,教给学生"自己的人权、他人的人权都重要"这个道理,用大人的眼光及时发现暴力行为,或者以大人的威严接受学生的诉求。一旦有问题发生,马上就能有专家应对,法国采用的就是这个方法。

资料出处:[日]池上彰.「日本の教育」がよくわかる[M].東京:PHP研究所,2014,221～222.

针对学生学习负担重、压力大而产生的烦躁情绪和不良行径,1977年,日本《小学学习指导要领》提出要重视儿童个性发展,开展宽松、充实的"宽松教育"。为此,小学实行减负,四年级每周减少2课时,五、六年级每周减少4课时,以增大学校活动内容以及学校与社区的联手活动。1981年,文部省颁发《关于防止学生校内暴力等不良行径的通知》,从学校环境、家庭环境、课程改善以及学生指导等方面提出了改进方向。

二、20世纪80年代教育改革的整体走向

1982年,中曾根康弘就任内阁总理大臣后,立即打出"维护和平,促进民主社会健康发展"的施政目标,指出"今日日本处于战后重大转折点……有必要对以往的制度和机构进行重新认识"。这就是通称的"战后政治总清算"。

所谓"战后政治总清算"是指日本政府反思二战后初期至20世纪80年代日本发展的指导思想、总体思路,变"经济大国"为"政治大国"的政治意图。众所周知,二战后初期日本的发展是在美国的核保护伞下,也就是说将日本军事安全托付于美国而得到的。获得了经济大国地位的日本,从80年代开始反思物质追求、被动"追赶型"的国策,打出转向政治追求,走上自我实现的"原创型"路线,而培养具有"国家"和"公共"概念的日本人是其政治追求的重要内容。

为此,教育作为一大突破口在其政治总清算中占有重要位置。1983年6月,"文化和教育研讨会"成立,该研讨会重点讨论如何改变学校"教育荒废",寻找解决青少年不良行为的有效途径。同时面对即将到来的21世纪,探讨如何促进国际理解和文化、教育发展的新途径。特别是针对中小学教育现状,该研讨会于1984年3月发表报告书,认为日本教育病理的根源有两点:一是未能及时应对学校教育快速发展所带来的问题;二是教育的机会均等理念由于整齐划一主义发生了偏颇。为此,教科书、课程、小中高衔接等成为此

次改革的重点。

1984年8月，临教审成立，该审议会历时三年，共发布四次答询报告，于1987年8月解散。临教审分为四个委员会，分别就各级各类学校教育的问题展开论证。第一委员会为总论部分，论证主题为："展望21世纪的教育的应然状态"；第二委员会主题为"激活社会上的各种教育机能"；第三委员会主题为"中小学教育改革"；第四委员会主题为"高等教育改革"。

1984年9月，临教审第一次总会召开，接受中曾根首相"关于为实现适应我国社会变化及文化发展的教育，加强各领域施政、改革的基本对策"的咨询，于1985年6月发表第一次答询报告——《推进教育改革的基本思想》。该报告书指出改革原则为：①尊重个性；②重视基础、基本知识；③培养创造力、思考力和表达能力；④扩大选择的机会；⑤提升教育环境的人文性；⑥向终身学习体系化过渡；⑦实现教育的国际化；⑧实现教育的信息化。以上八个原则的核心为尊重个性，它关系到学生人格的形成，贯穿此次改革的整体过程。基于这一原则，该报告指出具体改革措施为：①矫正学历社会；②改革高考制度；③实现大学招生的自由化和弹性化；④开设六年一贯制中学和学分制中学等。

1986年4月，临教审发布第二次答询报告，明确要坚持尊重个性的原则，通过向终身学习体系转型为核心的学校教育整体改革，克服教育荒废，实现面向21世纪的社会变化和文化发展的教育。该报告书同时提出了向终身学习体制转向、中小学改革、高等教育改革以及教育行政改革等具体措施。其中中小学改革聚焦在人生教育、道德教育、基础教育等方面，小学学科综合化、中学学科多样化以及中小学新任教师研修制度等也得到提倡。特别是针对小学低年级的学科综合化、恃强凌弱等现实问题，提出了完善学科指导、心理咨询制度等具体措施。

1987年4月，临教审第三次答询报告出台，此次报告书延续第二次答询报告的宗旨，提出开展多元化评价，教育、研究、文化、体育等领域的高度信息化,向终身学习体系转型,教科书制度改革以及高等教育组织机构和运营改革等措施。该报告还提出开设社区学校,推进终身体育等转向终身学习的建议,对日本其后的教育改革给予了很大影响。

1987年8月,临教审第四次答询报告出台,作为最终报告,首先提出了文部省机构改革①及其高校秋季入学制等建议,并就前三次报告书做出终结性阐述:①坚持尊重个性的原则,坚持教育自由化;②改变偏重学校教育的风气,向终身学习体系转化;③应对国际化、信息化的发展。其中之①是针对前述知识中心的课程和评价,整齐划一、僵硬封闭的学校教育而言,②是为了满足国民在人生各阶段学习的需要,而③的建议是为了应对国际社会的发展,是当时最为紧迫最为现实的问题。

以上临教审四次答询报告的内容,关系到日本教育制度整体的改革计划,从分会命名就能看出,从整体计划到各级各类学校、从学校教育转向终身教育、从基础教育到高等教育都有指导性的方针和建议,因此有日本学者说道:"'第三次教育改革'的答询报告,与之前中教审发布的共21次答询报告相比,第一次提出了综合性的教育改革计划,具有划时代的意义。"②

根据临教审四次答询报告宗旨,日本政府于1987年10月做出内阁决定《有关教育改革的具体对策——教育改革推进大纲》,就20世纪80年代以后日本教育的整体发展做出了最终决定:①推进终身学习及各种体育活动,完善终身学习体系;②充实学校道德教育和新任教师研修制度;③改善高考制度和研究生教育;④促进基础研究与民间机构的共同研究等学术活动;⑤充实接受留学生体制,对应国际化、信息化社会的发展;⑥随着文部省机构改革,在教育行政和财政分配上加以改进。

不难看出,临教审的审议始终面对两个问题:一是解决中小学教育的困

---

① 文部省机构改革:1988年7月,文部省内成立终身学习局,取代以往的社会教育局。
② [日]山崎政人.自民党と教育政策[M].東京:岩波書店,1986,105.

境,二是面向21世纪的教育发展。特别是第二次答询报告提出向终身学习体系转型以后,"终身学习"成为日本教育改革的关键词,由此,学校教育体系整体发生了变化,学校教育不再是中心,中小学教育成为终身学习体系中的基础阶段,其定位和作用发生了根本转变。这些理念和措施,对于20世纪末日本中小学教师教育的改革影响甚深。

以上一系列政策走向对于师范大学课程的影响也是极大的,仍然以东京学艺大学为例,1988年新设教养系(以往的教师培养为教育系),分为国际文化教育课程、人类科学课程、信息教育课程、环境科学课程和艺术体育课程,体现出上述终身教育理念在大学课程中的实现。所谓"教养"是指培养能够适应国际化、信息化社会的发展需要,具备心理辅导、环境指导、国际交流等指导能力的人才。教养系的增设符合社会发展对高等教育的需求,它与培养幼儿园教师、中小学教师的教育系齐头并进,构成终身学习理念下日本师范大学新的办学模式。或者说,东京学艺大学意识到,不应仅仅停止在培养教师的层面,还通过开展多领域的课程,开展和深化学术研究,充分体现了"学艺"二字的意涵。

教养系课程的思路如下:第一是课程设置要符合各科目、专业的要求,充分体现课程特色;第二是尽量与以往的教育系的课程合并开设,因为教养系和教育系的某些课程属于同一系科,另外,教育系的一些课程已经过该大学多年的研究和探讨证明,作为教养系的课程也是适用的;第三是开设大量的选修科目,这是为了贯彻学术研究的自由,同时也是为了学生将来有更广阔的活动天地和出路。特别是由于教养系和教育系课程的部分合并,使得小学教师的培养课程也得到了扩展和丰富。

表1　东京学艺大学1998年度小学教师培养课程

专业方向　＼　科　目		社　会 保健体育 家　庭	数学、理科 音乐、美术	国　文	学校教育
通识教育	综合学艺类	6	6	6	6
	健康运动类	2	2	2	2
	语言学类	2	2	2	2
	含各科类最低规定学分　计	22	22	22	22
学科教育	教学基础	12	12	12	12
	教育课程	22	22	22	22
	学生指导方法	2	2	2	2
	教育实习	6	6	6	6
	计	42	42	42	42
专业教育	学科	17	17	16	19
	必修、选修	22	24	23	22
	毕业研究	6	4	6	4
	计	45	45	45	45
自由选择 （从通识教育、教学教育、专业教育）		20	20	20	20
合计		129	129	129	129

资料出处：［日］東京学芸大学募集要項1998（东京学艺大学招生简章1998）.

　　从表1中可以看出，课程内容非常丰富、选择性大。例如，通识教育中综合学艺类设有：社会（亚洲的民族和国家、现代社会和人类、日本国宪法、人权和正义的思想等24门）、文化（语言和文化、文学和社会、音乐和历史、欧洲文学等29门）、教育（日本的教师、性教育的理论、幼儿的玩耍与生活、对残疾儿童和残疾人的理解等19门）、环境（环境和自然科学、野外教育、环境和设计、人际关系体验等19门）、信息（计算机操作和资料分析、应用信息处理、电脑音乐制作等12门）和自然（自然科学中的数学应用、宇宙/地球/人等6门）6大科目；学科教育中教育课程科目是指各科教学法，包括初等国文教法、初等数学教法、初等社会科教法、初等音乐科教法等9门课程;专业教育中有关学科的科目当中包括国文研究、书法技巧、基础理科研究、家庭科研究、手工科研究、生活科研究及音乐科研究等30门课程。从以上课程内容来看,虽是小学教师培养,但课程的视角不仅限于教育教学,知识领域非常宽泛。仅以通识教育中综合学艺类为例,如前所示包括6大科目共约90门课,而要求各科目所需学分分别仅有6分。这只是三大类课程中一门的科目,按照这样的比例,为129学分所准备的科目可以说是浩瀚的知识海洋。这种课程编排,为学生提供了知识的无限空间,体现了科目与科目之间相互影响、相互依存的"广域课程"的特点,也在很大程度上适应终身学习对人才的需求。

图7　东京学艺大学岩田教授
　　　来我院讲学

图8　东京学艺大学岩田教授
　　　参加我院研讨会

图9　东京学艺大学大竹教授
　　　参观中国小学

图10　千叶大学中山教授
　　　来我院做现场观摩课

第二节　20世纪末中小学教师教育改革与"实践型"教师

一、20世纪末中小学教师教育改革

在临教审有关面向国际化、培养创新型人才以及向终身教育转型等改革措施的基础上,1987年,教培审发表答询报告《关于提高教师素质能力的方针政策》,提出了加强教师的专业性,实施新任职教师为期一年的研修制度和充实在职教师的研修体系等改革方案。其中所言教育的专业性是指教师的"实践性指导力",包括"作为教育者的使命感""对于人的成长和发展的深刻理解""对于学生的教师爱""学科教学的专门知识"和"丰富的教养"五部分内容。其中"对于人的成长和发展的深刻理解""学科教学的专门知识"和"丰富的教养"三项是日本大学已有课程中的内容,而"作为教育者的使命感"和"对于学生的教师爱"是针对20世纪70年代以来中小学生的各种问题而言的,它反映了中小学一线各类问题的严重性。这些举措为新一轮的教师教育改革提供了理论和政策方面的依据。

1988年,文部省向国会提交有关《教师资格证书法》修改案的提议,同年12月,该修改案通过第123次国会审议,1989年,《教师资格证书修改法》颁布实施。该修改法修改了教师资格证书的种类、标准以及学校教育如何吸引社会人到学校教育等内容,对教师教育各个方面的问题进行了集大成式的探讨和改革,是对1949年《教师资格证书法》最大的一次制度改革。此次修改的主要内容如下:①教师资格证书的种类分为基于硕士研究生学历的专修证书、基于本科大学学历的一类证书和基于短期大学学历的二类证书;②为了吸引社会有为人才做教师职业,特设需通过教职员考核的特别资格证书;③为了适应学校教育内容的改变并提升学科指导能力,作为专业教育领域,要履修"教育方法""学生指导"和"特别活动"等课程。

《教师资格证书修改法》还专门对资格证书的种类做了说明：一类证书是显示教师素质能力标准性水准的证明；持有二类证书的教师"有义务"努力升学或者进修以获得一类证书；而新设的专修证书不仅仅是为了录取硕士研究生就职，也是为了鼓励在职教师进修层次更高的硕士课程。

从以上教师资格证书种类多样化和层次的提升可以看出，20世纪80年代，日本中小学教师的学历水平有了很大提升。从1949年中小学教师学历本科化以后到40年后的1989年，一类证书成为标准性证书，短期大学毕业的二类证书持有者被"义务"规定应取得一类证书，而新设硕士研究生学历的专修证书，也是为了促进中小学教师的在职进修和学历提升。这些新要求、新规定回应了前述《关于提高教师素质能力的方针政策》的宗旨，体现了那个时期日本学校教育一线对于中小学教师专业发展的更高要求。另外，在终身学习政策实施下，民众普遍理解和践行终身学习，全社会的学习氛围有力地促进了中小学教师的不断反思和深造。

1996年，教培审接受文部大臣有关"新时期教师教育的问题"的咨询，自1997年起开始探究和研讨，并连续三年发表了对新时期教师教育起着指导性作用的答询报告。

第一次答询报告《关于面向新时期的教师教育的改革策略》（1997年7月）指出，随着国际化、信息化和科技发展以及少子化、环境污染等现实问题，应将"培养生存能力"作为今后学校教育的核心。为此，该报告书对面向新时代的教师的素质能力提出如下要求：①具备国际视野的行动能力，包括对世界、国家和人际的理解；②具备生活在瞬息万变的社会人的素质能力，包括解决问题、人际关系的能力以及适应社会变化的知识和技能；③具备作为教师所必需的基本素质能力，包括对学生的关怀、对学科的理解和指导学生的知识和能力等。为此，大学培养课程应在课程改革上下功夫，特别加强"专业理想"教育课程，以培养具备使命感、有独特本领和个性，能够应对教育现场各种问题的教师。

　　第二次答询报告《关于充分活用硕士课程的教师教育》（1998 年 10 月）主要关注在职教师的再教育问题，提到要为在职教师通过各种形式的进修接受研究生教育而完善条件，最大限度地保证在职教师完成硕士课程，以提高在职教师的素质能力。为此，该报告书指出硕士课程应做如下改进：①推进课程弹性化；②提供在职教师升入硕士课程的机会；③做好升入硕士课程之前的辅导工作；④研究课程教学；⑤推进课程开发等。其中，强调硕士课程多样化和制度保障等问题，对 21 世纪以后的硕士课程给予了政策性的指导。后述六年一贯制培养课程、一年制硕士课程即是具体实践（详见本节之二）。

　　第三次答询报告《关于教师培养、录用、进修的一体化》（1999 年 12 月）则提出为促进教师的录用和研修，加强职前职后一体化的教师教育制度，其中特别强调研究生院的在职教师培训要改变以往的"派遣型"向"个人需要、自发型"发展。具体建议为：①录用方面应积极录用全面型人才，录用一方也应明确鲜明的教师形象；②进修方面应激励教师自主自发的进修愿望，并扩充新入职教师进修的途径和内容；③在与大学和教育委员会合作方面，应保持组织性、持续性、交互性的合作体制；④在充实课程方面，各大学应明确教师形象并提高师范类大学教师的能力，例如"大学课堂教学研究""师范大学教师的研究生教育研究""与在职教育交流"，等等。

　　以上一系列有关教师教育的改革建议和措施反映出 20 世纪末国际教育改革的整体趋势，同时更是日本中小学教育对社会发展、青少年成长所表示出的担忧，对新时代教师的迫切期望。如前所述，20 世纪 80 年代以后，日本中小学教育一线的问题日益加剧，学生逃学、欺侮弱小、自残自杀、校内暴力、班级崩溃等时有发生。

　　这些问题虽然不全是新问题，但从数量和程度上看，它超过了以往任何一个时期，形成了令人担忧的社会问题。为此，日本政府开展调查，研究对策，认为学生学业过重，精神上过度紧张是以上问题发生的主要原因，因而采取了改革中小学课程标准，减轻学生学业负担等改革措施。1998年，新一轮《学习指导要领》制定公布，该要领明确了"宽松教育""心灵教育"的主旨，提倡降低学习难度、开设综合学习课程，以培养学生的自主学习能力。

面对这样的变革，教师教育也做出了相应的改进。1998年，《教师资格证书法》再度修改公布（简称新《教师资格证书法》），提出要"转变教师标准的观念"，改变以往开设同样课程进行统一教育的"理想主义教师"，而转向培养面向21世纪的、具有个性和特长的"实用主义教师"。这种实用并非限于课堂教学的层面，更多强调的是对学生心理指导、进路指导等方面的实力。毋庸置疑，这是一次面向未来、与时俱进的重大改革。

为此，大学师资培养课程发生了明显的变化，学生指导、教育实习等教育理论课程的学分明显增多，教师资格证书所需学分的分配也发生了变化。如本科毕业生若取得一类资格证书所需学分在新《教师资格证书法》公布前为：小学教师59学分，其中学科课程18学分，专业课程41学分；初中教师59学分，其中学科课程40学分，专业课程19学分。新《教师资格证书法》公布后为：小学教师59学分，其中学科课程8学分，专业课程41学分，学科或专业课程10学分；初中教师59学分，其中学科课程20学分，专业课程31学分，学科或专业课程8学分（如表2、表3）。

表2　1998年以前旧法中的学分分配

区　分	小　学	中　学	高　中	幼儿园
学　科	18	40	40	16
专　业	41	19	19	35
学科或专业	—	—	—	—
合　计	59	59	59	51

表3　1998年新法中的学分分配

区　分	小　学	中　学	高　中	幼儿园
学　科	8	20	20	6
专　业	41	31	23	37
学科或专业	10	8	16	8
合　计	59	59	59	51

不难看出，以上新增或充实的课程和学分无一不是与专业相关的课程，也就是专业理想、教育学理论、学生指导等课程。特别是学分的比例变化极其突出，学科课程大幅度减少（小学从18学分减到8学分，中学从40学分减到20学分），专业课程明显增多。新制度增加的"学科或专业"一栏中，从幼儿园到高中的四个阶段，都有学分要求，虽然是由学生自行决定课程内容，但总体理念和发展趋势十分突出，体现出新时期教师教育的重点，那就是教师不仅仅是知识的传授者，更重要的是思想的启迪者，信念、意志的塑造者。中小学教师教育要明确的是，越是低年级就越需要教师职业方面的知识和素养，中小学教育现场要充分体现关怀、欣赏和鼓励，中小学教师在传授知识的同时，要学会与学生沟通，把握教育管理的策略，进而成为不断学习、自觉更新的实践型教师。

二、充实硕士课程与"实践型"教师的培养

20世纪末的教师教育改革重提硕士课程的重要性，强调要关心在职教师的再教育，完善在职教师研究生的进修制度。在这种背景下，硕士"课程弹性化"等政策设想得到实践，除去已经开设的新设想教育大学扩大招生、加强研究生教育以外，师范大学或者院系新设的六年一贯制培养课程、一年制硕士课程等新的动向也相继出现。

所谓六年一贯制，即将大学本科4年和研究生2年链接一起的、本硕连读的教师教育制度。这一新制度的提起，有着现代社会对中小学教师更新、

更高的要求。如前所述，1998年公布的新《教师资格证书法》，强调"实用主义教师"的培养，课堂教学的改进和学生指导的需求，亟须教师教育转向实用型、实战型。与此同时，随着《小学学习指导要领》的修改，20世纪90年代小学课程新设"生活科"，进入21世纪以后新设"综合学习"活动课，学科的广度和深度对小学教师素质和能力的要求表明，以往的短期大学（二类证书）、四年制本科大学（一类证书）毕业生难以承担，培养研究生（专修证书）学历的中小学教师成为必需。前述中教审第二次答询报告《关于充分活用硕士课程的教师教育》强调研究生教育要开展课程教学的研究和开发，也是基于中小学新设课程研究的需求。

六年一贯制培养课程的早期设想，首属上越教育大学提出的培养"作为教育实践型专家的自立"和"课堂教学专家"的课程设想。该大学学校教育专业"学习实训方向"户北凯惟教授以"综合学习"课的开发和研究为主线，论述了大学培养课程应如何改进，六年制培养课程的设想——户北计划。因为新设"综合学习"课程的目标在于学生自身发现问题，自我学习、自我思考，这是与以往课程最大的不同之处。因而大学培养课程要克服以往教师教育的单一视角，从指导学生学习的角度加以改进和研究。

户北计划指出"以往的教育正在发生变化，为了适应这一发展趋势，有必要建设能够指导学生多样化学习的培养课程体系"。关于六年一贯制课程，户北认为前四年和后两年的关系如表4。

表4　六年一贯制计划

	第一年	第二年	第三年	第四年	第五年	第六年
大学之使命	学生入学/教育期待⇨培养阶段⇨培养实力/满足感					
教育之使命	理科魅力的教育⇨提高教育实践能力⇨走向教师的路					

资料出处：参考［日］户北凯惟.「総合的な学習の時間」を支援する大学のカリキュラム［J］.日本科学教育学会研究会報告17（3），2002，37.

如表 4 所示，此六年一贯制培养计划大体分为三个阶段，"大学之使命"的第一个阶段可称为预备阶段，是学生入学后初步接触教育，熟悉师范、熟悉教师的阶段，学生充满期待感；第二个阶段是充分汲取知识的养分，为之后的实战能力打下扎实基础的阶段；而第三阶段已到研究生教育层面，顾名思义，更多研究性、实战性学习成为关键词。相对于此，该计划还列出第二行"教育之使命"，特别强调理科教育的课程次第，以培养能够胜任"生活科""综合学习"活动课等需要理科基础的教师。

此计划强调理科教育的魅力，是因为以往日本师范大学的学生多志向文科，就算是理科专业的学生，能学到高中理科Ⅱ层次的学生，也是寥若晨星，更没有使用理科实验道具的经验。因此，该计划提倡应克服讲座式学习，立足实验室进行体验式的学习，从而让学生从讲座中解放出来，并实现"讲座、实习、研究一体化"本硕课程的结合。①

上越教育大学研究生院原本就有"课堂实践分析实训"这一特色课程，这对于本硕连读这种六年一贯制课程的实践，可以说是具备很好的课程基础。体验式学习主要采取利用附属中小学开展临床教学的形式，以培养有临场指导能力的教师。另外，由于该大学在职研究生比较多，遂研究生课堂多采取在职研究生与本科直升研究生联合上课的形式，将教育现场的问题拿到课堂上开展讨论。这种形式使得在职研究生的丰富经验得以展示，本科直升的研究生也可从中受到启发，从而坚定从教的志愿。

其他大学的早期设想还有：福井大学提出培养具备"学科教学能力"和"课程开发、教育实践和参与学校改革能力"的人才计划，而这"两个专业"的培养，学生需要完成主论文和副论文两部毕业作品。此培养计划的另外一个特色是，学生在第五年（硕士一年级）时，"一年的实习期间，可兼指导该实习

---

① ［日］戸北凱惟.「総合的な学習の時間」を支援する大学のカリキュラム［J］.日本科学教育学会研究会报告 17(3),2002,38.

学校在职研究生的学业"。

山形县则提出"关于山形大学教育院系的应然状态"的提案,以"综合性""实践性"和"地域性"为主线,强调中小学教师应具备专门的知识技能、丰富的教养,实现所谓"大教养人"的教师培养。同时提出,将六年一贯制学生"作为中小学教育的中坚力量,实现全员录用"的目标。

此外,鹿儿岛大学提出将"一年实习期"列入六年一贯制的预案。日本教育大学协会第二常委会于2002年着手《师范大学和院系"学科教学"的现状调查》,其中提出将获取"专修证书"一并列入六年一贯制课程的建议。①

2006年,爱知教育大学以大学2年级本科生为对象,开始招收六年一贯制学生,此为日本最早的六年一贯制培养课程的实践。该课程集中了中小学各科教学的专家,学生可以用前两年学到的专业知识加深学习为升入硕士课程打基础。同时,六年一贯制课程超越了各科教学的屏障,能够促使学生深刻学习和思考教育、教师与学科教学的关系。

爱知教育大学六年一贯制考试安排在本科2年级的11月末2月初,考试合格者随即编入六年一贯制课程开始学习。六年一贯制课程与普通研究生课程的区别在于:①本科生阶段就可进入研究生课程学习(从大四开始);②研究生考试为推荐制(但前提是本科3年级时需通过特设的升级考试);③免除研究生院的入学金。六年一贯制课程比起普通本科课程有以下不同:①课时上,每周增加一次研讨学习;②活动上,各年级每周一次集中活动;③活动频率上,各年级根据需要开展不定期活动,每周一课时或者以上。

表5　六年一贯制培养课程

	问题实习	必修
本科3年级	问题实习研讨Ⅰ・Ⅱ	必修
	教材开发研究Ⅰ、海外教育研究Ⅰ	选修

① ［日］三石初雄.「実践性」「専門性」の確保と「6年一貫」教員養成の課題［J］.東京学芸大学.教員養成「6年一貫」プログラムに関する研究.2003,119~120.

续表

本科4年级	主题实习	必修
	主题实习研讨Ⅰ·Ⅱ	必修
	教材开发研究Ⅱ、海外教育研究Ⅱ	选修
研一	研究实习Ⅰ·Ⅱ	必修
	研究实习研讨Ⅰ·Ⅱ	必修
	教材开发研究Ⅲ、海外教育研究Ⅲ	选修
研二	教育研究	必修
	教育研究研讨Ⅰ·Ⅱ	必修
	教材开发研究Ⅳ、海外教育研究Ⅳ	选修

资料出处：［日］愛知教育大学ホームページ 2020（爱知教育大学网站 2020）.

从表 5 中可以看出,六年一贯制课程并非按中小学学科编排,而是打通了各科教学和学年,以一线实践和探究性学习为途径,通过各学年和各学科的联动研讨,围绕着"教育教学"开展学习。四个阶段的课程目标包括五个部分:①知识理解;②思考和判断能力;③情感兴趣;④技能表现;⑤其他。以表 5 中"问题实习"和"问题实习研讨"为例,二者的课程目标,前者为"参加研究课、研讨会,在了解实习校学生和课堂状况的基础上发现、设定问题;之后再参加本大学附属小学的研讨会,观察和认识课堂教学和作为教师的素质能力"。后者为"学习有关当代教育的各种问题,并以此形成自己的教育观、儿童观和课堂观,同时,通过参加附属学校的研究课、模拟课等,学习教材研究和课堂教学的基础"。看得出来,前者的目标集中在课堂观察、发现问题等表层学习上,后者的目标则上升到教学实践、教材开发等研究层次上,前后有明显的次第。另外纵向来看,"问题实习""主题实习""研究实习"和"教育研究"的课程目标如表 6。

表6　六年一贯制课程目标

课程名称	课程目标
问题实习	参加研究课、研讨会,在了解实习校学生和课堂状况的基础上发现、设定问题;之后再参加本大学附属小学的研讨会,观察和认识课堂教学和作为教师的素质能力。
主题实习	
研究实习	参加实习校教学活动,加深对学生的理解,确定研究主题,根据通过自己的主题设计课堂,通过课堂实践的准备工作,加深对教师素质能力的理解。
教育研究	掌握准备研讨会的会务、运营和计划毕业论文答辩会的实践能力。

资料出处:[日]愛知教育大学ホームページ 2020(爱知教育大学网站 2020).

如表6所示,"问题实习"和"主题实习"的课程目标是相同的,这是因为学生正值大三、大四阶段,还并未进入研究学习阶段。众所周知,日本自明治维新改革后,大力普及学校教育,在亚洲各国普及教育的程度是相当高的。到20世纪八九十年代,大学教育基本达到了普及的程度,在国民教育体系中处于基础教育的最后一个阶段,到了研究生教育才是真正确定研究主题进入研究活动的阶段。表6中"研究实习"和"教育研究"的课程目标,正是研究生教育的表述。"研究实习"和"教育研究"也可以合并同类项,因为二者都突出了研究、实践和能力。但是这并非表明研究生之前的教育就没有研究性了,如前所述,日本中小学设有"家庭""生活""社会""综合学习"等课程,此类课程都是活动性、探究性学习,中小学生这种学习态度和能力的习得,为其以后的大学和研究生教育打下了基础。

硕士课程多样化的另一形式是一年制培养课程,是专门为在职教师准备的短期课程。东京学艺大学于2001年开设一年制课程,该大学在职研究生课程分为脱产学习和在职学习两种。其中,脱产学习又分为晚间课程、短期课程两种;在职学习分为晚间课程、晚间研究生院和长期课程。一年制课程是为脱产学习而特别开设的短期课程。

一年制硕士课程招收具有一定研究业绩的在职中小学教师,以准备完成硕士论文。入学之际,校方首先召开课程说明会,同时与入学者商讨研究计划和硕士论文。该课程设有各科教学、特殊教育和学校教育等科目,尤其重视实践经验、一线教学基础上的实践能力的培养。教学一线所开展的教学研究、课题研究均可作为硕士论文,教育教学中时常发生的困扰、难题都可以成为科研的对象。这种基于实际问题的培养方法不仅方便了在职教师,还使一线教学与理论学习很好地结合在一起。但是一年制课程在实施过程中也暴露出一些问题。例如一年内完成 30 学分同时还要准备硕士论文,时间上、能力上都存在困难。特别是符合作为招收条件之一的"具有一定研究业绩的在职中小学教师"为数不多,且在研究过程中,与一线学科教师、行政岗教师之间的协调也并非顺利。①

近年来,一年制硕士课程一般包含在教师研究生院(参看第四章第二节)课程之中,东京学艺大学也是如此。一年制课程只需 38 学分即可毕业,但要求学生是具有 5 年在职教学经验者,招生考试时,学校会特别对其教育实践的工作业绩和经验进行考核,合格者即被认定通过了"教职专业实习"的课程学习,免修 8 学分。后述创价大学教师研究生院课程中,也有一年制课程制度。

---

① ［日］岩田康之.東京学芸大学における教員養成改革——一年制大学院を中心に—[J].全教協第 24 回研究大会発表レジメ.2003(5),25.

第四章

专业——21世纪教师教育的突破

进入 21 世纪,日本教师教育的问题更加集中在专业化研究上。从理论上讲,有东京学艺大学、兵库教育大学等大学层面关于教师培养的质量保证、专业评价的课题研究(详见第五章);政策上有关于教师研究生院制度的提议和建立;实践上从 2008 年开始,部分大学开设教师研究生院,以培养能够具备专业理想、解决教育一线具体问题的中小学教师。这一举动立足前述"实践型"教师的理念,又在中小学教师的培养质量、素质结构等专业化标准的层面有了新的发展。

第一节　21世纪教师教育专业发展的动向

一、新时代对教师专业化的期待和要求

20世纪60年代以后，技术革新与经济发展对学校教育和人才培养不断提出新要求，教师教育面临巨大压力，那就是如何提高教师职业的专业性，培养适应新技术的人才，发挥教育对社会发展的促进功能。在这种情况下，有关教师教育、教师专业化的理论和建议相继出台。

首先是1963年，《世界教育年鉴》以"教师与教师培训"为主题，提倡教师专业化，随后1966年，联合国教科文组织（UNESCO）与国际劳工组织（ILO）联合发表《关于教师地位的建议》，提出应该把教师职业作为专门职业对待。1973年，英国学者詹姆斯·波特提出了三段式教师教育的设想，即普通高等教育阶段、教育专业阶段（包括教育理论的课程和下到中小学实习）和在职进修阶段。这一理论打破了以往限于职前的师范教育，开拓出重视在职中小学教师职后进修的教师教育的新视角。结合同时期兴起的继续教育、终身教育的理论，各国掀起了加大中小学教师在职培训的高潮。例如，英国中小学教师工作七年可以有一年的带薪休假进修；法国小学教师工作第五年起至退休前五年止，有累计一学年的带薪继续教育；美国各州则开办了修学课程、讲习班、研讨会等进修形式以及教师专业发展学校。

20世纪80年代以后，国际经济竞争、科技竞争不断加剧，各国普遍认识到教育是社会发展、增强国力的根基，教育改革的成败在于教师的专业素养。美国政府针对长期以来中小学教师教学水平偏低，公众对教师质量忧心、质疑的现象，掀起了一场提高教师素质，促进教师专业发展的教育改革。1983年，美国"高质量教育委员会"发表《国家在危急中：教育改革势在必行》；1986年，霍姆斯小组和卡内基工作小组分别发表《明天的教师》和《国家为培养21

世纪的教师做准备》；1989年，复兴小组发表《新世纪的教师》；1990、1995年，霍姆斯小组连续发表了《明日之学校》和《明日之教育学院》。①以上一系列报告引起了国际社会对教师资质、教师专业标准的极大重视，教师专业化成为教师教育的核心概念。

所谓专业化是指一个普通职业在一定时期内逐步形成本职业的专业标准，并在社会上获得专业认可的过程。它要求这一职业对社会具有不可或缺的功能，要求从业人员掌握专业的知识和技能，从而能够保持并发展这一专业地位。而教师专业化是指教师职业不断成熟、逐渐达到专业标准，并获得相应专业地位的过程。主要包括：①教育知识技能的体系化，形成专门的任职标准；②国家有教师教育的专门机构、设施和教育课程；③国家有对教师资格认定的制度和管理机构；④有社会公认的教师专业团体。②这里可以看出教师专业化是社会学的概念，代表着教师群体的专业地位。而教育学意义下的教师的"专业"，离不开教师专业化的大背景，其内涵集中在树立教师专业理想、提高专业技能、磨炼专业能力等方面。由此，21世纪以来，各国着力于教师培养课程的改革和教师专业素质能力的研究，日本也不例外，有学者明确提出："80年代后期以来，教师专业化研究成为世界教育改革的中心问题，其中'以怎样的教师专业形象来打造未来教师的形象'成为聚焦点之一。"③

21世纪以来，中教审针对教师教育所面临的问题和今后的发展公布了一系列答询报告。2005年，中教审发表题为《创造新时期的义务教育》的答询报告，其中专设第二章"确立全社会对于教师不可动摇的信任——提高教师的素质"，指出教师的应然状态是："都说人可教育，而教育成功与否决定于教师。为实现国民所希望的学校教育，学生和家长自不必说，培养能够得到全社会的尊敬和信赖的高素质的教师，不可或缺。"为此，该报告书提出"为了

---

① 转引自教育部师范司编.教师专业化的理论与实践[M].人民教育出版社,2003,23~24.
② 全国十二所重点师范大学联合编.教育学基础[M].教育科学出版社,2008,125.
③ [日]佐藤学.教育の方法[M].東京：左右社,2014,169.

满足国民的要求,做好学校教育,要培养让学生、家长放心,受社会尊重和信赖的高素质的教师",并明确优秀教师的必要条件,主要集中在以下三点:①热爱教育事业,即对教师工作的使命感,对学生的爱和责任感;②作为专家型教师的能力,具体包括理解、指导学生的能力,管理班级的能力,课堂教学和解读教材的能力等;③综合的人格魅力,包括丰富的人性和社会性,有常识、有教养,懂礼貌以及具有沟通能力。①以上优秀教师三个必要条件的公布,代表着日本政府及全社会对教师专业发展的期待和要求,由此,日本学界开始了有关教师专业化的研究,而在研究之际,多以上述三个必要条件作为上位指标(详见本节之二)。

2006 年,中教审继续发表题为《今后的教师教育、教师资格认定的应然状态》的答询报告,开篇便指出:"为应对社会的巨大变化,回应国民对于学校教育的期待,最重要的是要确立对于教师不可动摇的信赖,最大限度地提高教师的素质能力。正因为是处于巨变的时代,因此教师更要具备作为教师所应有的素质能力,要掌握不断更新的专门知识和指导方法,'学习的精神'比任何时代都迫切。"为此,该报告提出今后教师的素质能力集中体现在三个方面:①任何时代都必备的素质能力,包括教师的使命感、对学生的理解和爱、学科知识、实践能力以及宽厚的教养等;②当今社会特别需要的素质能力,包括立足国际视野的行动能力、应对生活在激变时代的学生的素质能力和教师职业所必需的素质能力;③成为在特别领域有个性的教师,即避免整齐划一的教师形象,站在终身发展的视角,在确保教师群体基本素养的同时,应积极发挥教师个体在某个领域的个性发展。②对照以上《创造新时期的义务教育》的核心可见,这两个报告所强调的教师素质能力的内涵,基本上是同一基调的。

2012 年,中教审发表《关于综合提升贯通教师生涯的素质能力的策略》,针对学校教育所面临的挑战和社会对教师素质能力的要求,首次提出"高度

---

① ［日］中教審答申.新しい時代の義務教育を創造して［R］.2005.
② ［日］中教審答申.今後の教員養成・免許制度のあり方について［R］.2006.

的专业人员""能够自主地适应教育职场变化的不断学习的教师形象"①。所谓"贯通教师生涯的"是指以教师为一生的职业,"贯通教师生涯的素质能力"即教师一生均可依赖的、最基础的专业能力,这正是"高度的专业人员",需要"不断学习"才能获得。

高度的专业素质能力分为:①教师的使命感、对学生的理解和爱;②作为专门职业的高度的知识和技能;③综合的人格魅力三类,与前述《创造新时期的义务教育》之优秀教师的三个必要条件达成一致,只是在②作为专门职业的高度的知识和技能中,除去列出了教材开发、学生指导、班级管理等一贯强调的专业能力,更强调应具备能适应国际化、全球化、信息化,解决不断新生各种问题的专业能力。

2015年,中教审发表《肩负今后学校教育的教师素质能力的提升》,在肯定一贯强调的作为教师的素质能力的同时,再次提出要确立"持续不断学习"的教师形象,指出:①要主动学习,适应新时代变化提升自身专业素质,并将其贯穿教师生涯整体;②从自主学习的视角进行课堂改革,为实现小学外语教育的早期化和学科化、推进信息教育、助力特殊教育和指导学生,要不断提高应对新问题的能力;③"团队教育"理念下,有必要联手多样化的专业人才,有组织地解决教育一线的问题。②其中,第一点是立足终身教育理念,对中小学教师的总体要求。

第二点提到的"实现小学外语教育的早期化和学科化"是因为日本小学一直没有开设外语课,1998年新设"综合学习"以后,英语学习作为综合学习的一个内容,课时和内容由各学校自行决定。2008年的学习指导要领决定小学五、六年级开设外语活动课,从2012年开始实施。专设外语活动课,既有国

---

① ［日］中教审答申.教職生活の全体を通じた教員の資質能力の総合的な向上方策について［R］.2012.

② ［日］中教审答申.これからの学校教育を担う教員の資質能力の向上について［R］.2015.

际化社会发展的需求,也有为迎接 2020 东京奥运会①的亟须。但由于日本小学一直实施包班制教学,任课老师英语水平非常有限,因此上课时外请一个英语专业的老师助教,有时候就是英语专业的大学生或者研究生,②暴露出英语任课教师专业能力的差距。上述中教审强调要"实现小学外语教育的早期化和学科化",前提条件就是要解决英语教师的教学能力问题。

第三点强调的"团队教育",意为联合多方专业人才共同应对新时代的问题,面对教育一线的各种困境,教师不是单打独斗,而是大家组队联手解决。无论是学科教学、班级管理,还是家校合作,团队的专业力量尤为关键。因此,作为专业团队的一员,每一位教师都需要打造过硬的专业本领,形成教师专业发展共同体,以承担学校教育的使命。

二、"专业型"小学教师的素质能力

遵照以上中教审一系列答询报告的宗旨,日本部分师范大学开始了小学教师专业素养的研究活动。2007 至 2008 年,别葱淳二(日本兵库教育大学教授)、岩田康之(日本东京学艺大学教授)等学者接受文部科学省③的委托,以日本国立、公立和私立的 4 年制设有教师资格认定课程大学的学生和 2007 年的新入职教师为对象开展了《关于小学教师素质能力形成的调查研究》。该研究以前述《创造新时期的义务教育》之优秀教师的三个条件为上位指标制定了调查问卷。问卷内容分为:①理解儿童的能力;②与儿童沟通的能力;③教学设计能力;④学习指导能力;⑤评价能力;⑥班级管理能力;⑦学生指导能力;⑧专业理想;⑨自我提高能力;⑩联络与合作能力,共 10 个维度。以下各项是这10 个维度的下位指标:

---

① 2020 东京奥运会:原定于 2020 年 7 月举行,由于新冠疫情的影响,推迟到了 2021 年 7 月。
② 夏鹏翔.日本小学教育生态微观察[M].南京师范大学出版社,2017,第二章第六节。
③ 文部省于 2001 年与科学技术厅合并,改名为文部科学省。

《大学毕业时作为小学教师的素质能力》(以下简称《素质能力》)

（1）理解儿童的能力

①创造与儿童接触的机会,理解真实的儿童；

②理解不同阶段、不同年级儿童的心理特征；

③在与儿童的接触过程中,理解每一个儿童的个性和不同。

（2）与儿童沟通的能力

①对所有儿童公平、公正；

②耐心听儿童讲完话,感受他(她)的心情；

③能与儿童进行对话。

（3）教学设计能力

①能根据儿童的实际情况备课(如板书、提问的设计)；

②能准备所需教具和练习题；

③能研究教材。

（4）学习指导能力

①能在每节课中实现教学目标,指导儿童学习；

②能掌握各学科的知识；

③能理解学习指导要领的内容；

④能指导儿童带着问题学习；

⑤课上保证儿童充裕的活动时间。

（5）课堂评价能力

①能按照课程目标评价儿童的学习效果；

②能理解课堂评价的目的；

③能客观地评价课堂。

（6）班级管理能力

①能制定班级生活和学习制度；

②能在班内创造民主、有效的小组；

③能把握班内儿童的朋友关系及其性质；

④能通过与儿童的相互理解，建立信任关系。

（7）学生指导能力

①能倾听儿童的声音，看准儿童发展的动向和苗头；

②能指导儿童自主性地开展活动；

③能理解指导儿童的目的和方法。

（8）专业理想

①作为教师的使命感、责任心，对教育事业的热情；

②作为教师的正值、谦虚和合作性；

③作为社会人的常识，遵守社会规则，使用正确的语言；

④作为常人的温和、亲切和幽默。

（9）自我提高能力

①能反思和分析教学，提出应改进的问题；

②能将专业知识运用到实践中，并由此学习到更多的东西；

③具有自我钻研的意识和上进心。

（10）联络与合作能力

①能与监护人和同仁配合，冷静地对待儿童的各种问题；

②能与家庭联络，和监护人保持信任的关系；

③能将学校的事情告知监护人并取得他们的理解。

以上各项具体内容涉及教师专业素养的各个方面，其中尤其强调的是如何理解儿童，如何对待儿童等教育学层面的问题。"理解儿童能力""与儿童的沟通能力"自不必说，"学生指导能力""班级管理能力"以及"课堂评价能力"等方面都围绕如何促进儿童发展，占到了整个研究问题的一半以上。

合格教师的三个必要条件与《素质能力》之各项内涵之间的关系如下：第一，热爱教育事业。热爱教育事业是各国教师教育的共同话题，也是作为教师最基础、最起码的条件。《素质能力》之(8)"专业理想"领域提倡的"作为教师的使命感、责任感和对教育事业的热情"和(1)"理解小学生的能力"领域强调的"创造与小学生接触的机会""理解每个小学生的个性和不同"等要求都是这一理念的体现。第二,教师的专业能力。提高教师素质,保证教育质量,是20世纪80年代以来各国教师教育的共同话题。《素质能力》中"(3)教学设计能力""(4)学习指导能力""(5)评价能力""(6)班级管理能力"和"(10)联系与合作能力"均为这一领域的内涵,是课堂实践层面上的素质指标。第三,人格魅力。6~12岁的小学生处在"成人""长人"的重要阶段,具有向师性、模仿性等鲜明的心理特点。因此,小学教师不但要有爱心、耐心,性格上还要亲切、温和并幽默。这一点对小学教师尤其重要。《素质能力》中"(1)理解小学生的能力和(2)与小学生沟通的能力"最能说明这一理念的重要性。

特别是(8)专业理想中的"作为社会人的常识,遵守社会规则,使用正确的语言""作为常人的温和、亲切和幽默",明显是对教师的性格、人文素养和社会道德等方面的要求,这些都是人格魅力的范围;(2)与小学生沟通能力中的"耐心听儿童讲完话,感受他(她)的心情"的要求令人深思,能做到这些的教师不能不说具有极大的人格魅力,也必然是深受学生欢迎的好教师。

《素质能力》的特点主要表现在以下三个方面:第一,10个维度中有一半都强调第二个条件"作为教师的专业能力",表明教师专业发展的理论和研究对现代学校教育特别是对教师教育的导向和推力,是国际教育改革对日本教师教育的影响;第二,日本自20世纪80年代实施"宽松教育"和"周五日制"学制以来,对课时和知识学习做了大幅削减,以致教师"教的水平"和学生"学的能力"都不同程度地出现了下降趋势,此次研究强调"作为教师的专业能力",可以说是针对这一现状做出的反应和调整;第三,在10个维度中,如何对待小学儿童的要求占有重要的比例,看出对小学儿童的关注和重视。近年来,日本师范大学纷纷开设"儿童学"课程,研究"儿童这一自然体"①,"为孩子准备的和孩子亲自参与"的"儿童文化"②成为共识,这正是教育学意义上的小学教师专业性的核心体现。③

第二节　中小学教师本升硕——教师研究生院

一、教师研究生院的开设背景和政策依据

　　教师专业化理论,明确了教师教育要推进教师的职业发展和专业化这一主要目标。这种理论的提倡和普及,促使各国建立了教师教育的新制度,其中最具代表性的就是美国于 20 世纪八九十年代建立的教师专业发展学校(Professional Development School)。所谓教师专业发展学校是指大学教育学院与中小学联手开办的教师培训事业,通过大学与中小学建立联系,一方面为在校学生提供实践的"临床",将理论问题带到教育现场,解决以往大学的研究脱离教育实际、闭门造车的弊病,另一方面在职中小学教师在教育教学中遇到问题,可以直接与教育专家展开讨论,联手攻关。日本于 2008 年 4 月创建的教师研究生院可以说正是教师专业化理论的实践。

　　21 世纪以来,随着社会的急速发展和多样化,日本教育一线的问题也出现复杂、多样的现象。2004 年,日本学者曾就"最近在教育工作中有无'窒息'的感觉?""最近有想辞掉教师职业的想法吗?"等问题做问卷调查,调查结果(调查对象为 1400 余名在职教师,第五次调查)为:回答"有'窒息'感觉"的占总数的 70%,其中男性教师占 57%,女性教师高达 81%,新任职 1~2 年的年轻教师的忧虑最为凸显;回答"有想辞职"的占总数的 40%,其中男性教师

---

①　[日]浜田寿男.児童学序説[M].東京:岩波書店,2011,13.
②　[日]小川清美.児童文化[M].東京:萌文書林,2012,10.
③　夏鹏翔、刘慧.当代日本教师教育评价研究及启示[J].课程·教材·教法,2018(1),140.

占 26%,女性教师占 54%,45 岁之前的教师最明显。追溯其理由,比起 1984
年的第一次调查和 1994 年的第二次调查,中小学教师前两次"有'窒息'感
觉"的原因多为"不能很好应对学生的能力差异",而第五次调查结果显示最
大的"窒息"原因是"不能很好与家长沟通",反映出教育一线的新动向、新问
题;而"有想辞职"的主要原因均为"工作量太重"①。

21 世纪以来日本学校教育的另外一大问题是,随着各地小班制教学计
划的推行,文部科学省提出 2005 年以后增加招聘公立学校教师的计划,而此
时被称为"碳核一代"②的中小学教师正值大量退休的时期,教师岗位缺口巨
大,公立学校教师的需求量急剧增加。新老教师交替环节,年轻教师暴露出
一些问题,如前述第五次调查结果所示,新入职 1~2 年的年轻教师的焦虑尤
其凸显。为此,培养高度专业化教师成为 21 世纪以来日本教师教育所面临
的最大问题。

最早提出培养高度专业化教师设想的是教育改革国民会议于 2000 年
12 月提出来的,然而这种专业化培养机构的尝试,早在 20 世纪 70 年代就有
行动。如前所述,20 世纪 70 年代末开设的新构想教育大学,其研究生院专门
招收在职中小学教师,围绕着一线教育教学为重点展开教学,以培养有专业
理想和实践能力的一线教师。虽然未能达到预期效果,但作为早期实践,为
日本 21 世纪的教师教育提供了经验。

2001 年,日本政府发布《国立师范大学和院系的应然状态研讨会报告
书》,指出目前本科层次的教师教育缺乏实践性,研究生层次的教师教育专业
性不足,因此有必要再议教师教育体系。2002 年,中教审就文部科学省"关于
研究生院层次专业人才的培养"和"关于保证大学培养质量的新的课程体系

---

① ［日］山﨑準二.日本における教員研修の課題と展望.東アジアの教師はどう育つか［M］.東
京:東京学芸大学出版会,2008,104~105.
② 碳核一代:原文"团块世代",指 1947 至 1949 年出生的一代人,是日本 20 世纪 60 年代中期
推动经济腾飞的中坚力量。

的建立"的咨询做出答询报告,提倡重新建设新型的专业型研究生院制度。
2003 年,内阁府公布《人才战略研究》报告,同样提倡重新建设新型的专业型
研究生院制度。

2006 年,中教审发布前述答询报告《今后的教师教育、教师资格认定的
应然状态》指出,围绕教育所发生的社会变化表明,亟须培养具备高度专业
化和丰富人性,并具有社会性能力的教师,为此,要保证学生毕业时具有"作
为教师的最低限度的素质能力",即"合格教师的专业素养"。该报告书勾画
出的培养蓝图为:①提高培养课程质量;②创设教师研究生院制度;③更新
教师资格证书制度。①由此,培养研究生教育层次、以实践性教学为主、培养
高度专业性教师的"教师研究生院"制度确立。2008 年,东京学艺大学、大阪
教育大学等师范大学率先开设了教师研究生院, 日本中小学教师新一轮的
学历提升——本升硕成为教师专业发展的新标准之一。

为实现以上培养蓝图,在①提高培养课程质量的实现上,以上答询报告
提出新增"教育实践实训(暂名)"课程,让学生尽早进入教育实习,通过课堂
教学、师生关系等实践环节接受有针对性的指导,形成学科指导和学生指导
能力,以保证学生毕业时具有"作为教师的最低限度的素质能力"。"教育实
践实训(暂名)"课程于 2010 年实施,课程内容包括:①使命感、责任感、对教
育的爱;②社会性、人际关系;③理解儿童和班级管理能力;④教学指导能力
等内容, 强调作为教师所应具备的知识和能力。具体到小学教师的培养课
程,注重"学习者的视角"和作为新入职教师能得到教育一线欢迎的"录用一
方的视角",增加职业理想和实践性能力的课程内容。

关于②创设教师研究生院制度的实践,本节之二"教师研究生院的培养
目标及课程重点"将重点论述。

关于③更新教师资格证书制度的实践,21 世纪以来时时被提上教师教

---

① ［日］中教审答申.今後の教員養成・免許制度のあり方について［R］.2006.

育改革的日程。2002年,中教审接受文部科学省有关教师资格证书改革的政策咨询,发布题为《今后的教师资格证书制度的应然状态》的答询报告,指出在入学率不断提升的时代,有必要培养能够对学生进行一贯指导,并贯通各教育阶段联系的教师。为此提出:①教师资格证书的综合化、弹性化发展,即中学教师资格证书扩大到小学科目,在职教师可取得相邻学校资格证书和特殊教育综合资格证书;②教师资格证书制度更新的可能性,包括教师资格证书全面开放的可能性,促进教师素质能力提升的可能性等,特别提倡校内进修、自主进修,建构对于教龄10年在职教师的进修制度,等等。这些建议为《今后的教师教育、教师资格认定的应然状态》打下了理论和政策基础,更新教师资格证书制度的建议在此得到了实现。《今后的教师教育、教师资格认定的应然状态》为促进教师专业能力的发展,提出"教师资格证书有效期10年"的新制度,10年有效期内,教师要参加资格证书更新进修,完成学习并考试合格才有资格重新申请新的教师资格证书。

以上《创造新时期的义务教育》《今后的教师教育、教师资格认定的应然状态》等一系列中教审答询报告的出台,除去适应新世纪社会激变、培养高度专业教师的亟须之外,开放式培养模式新动向所带出的教育课程质量、培养机构评价等方面的问题也不容轻视。21世纪以来,日本的"开放式"开口过大,培养机构过多,以小学教师为例,开放式培养模式实施以来,造成以传统师范大学为主培养的局面发生了转变。特别是2004—2006年小泉纯一郎执政期间,政府在教育管理上实行了宽限政策,以至于大量普通大学、特别是私立大学纷纷加设同类课程。至2010年,日本的1100所大学(包括四年制本科大学和短期大学)中,开设教师资格认定课程的大学855所,占78%,且私立大学居绝对多数,这个数字在国际上也是非常罕见的。

另外,21世纪以来出现了"民间人才校长录用制",这一制度意味着没有教师资格证书的人,也可以通过录用机构考核得到录用。例如2004年,东京都教育委员会开设"东京教师培养塾",开设了教育实习、专业理想教育等讲座内容。①这些讲座与大学的部分培养课程重复,某种意义上可以说,地方教育委员会替代大学充当了教师培养的职责。

不言而喻,以上新情形不同程度地冲击了二战后日本"大学培养"和"开放式"两大原则,由此带来的问题是,小学教师培养质量该如何保证? 小学教师的核心素养是什么? 第五章(日本学者论小学教师专业能力)将会呈现此领域日本学界的研究状况。

二、教师研究生院的培养目标及课程重点

前述《今后的教师教育、教师资格认定的应然状态》提出了建立"教师研究生院"制度的设想。报告书说:"当今社会飞速发展,各个专业领域要求具有研究生毕业程度的、具备高水平专业能力的人才。为培养具有这种专业能力的教师,做出教师教育课程改革的样板,有必要建立研究生水平的专门的教师研究生院——'教师研究生院'制度。"②

教师研究生院学制 2 年,专门接收在职中小学教师,为培养具有实践能力的一线教师以及骨干教师,以案例教学、行动研究以及微格教学为主要形式,形成理论与实践相结合的课程体系。为此规定教师研究生院中具有教育实践经验的教师须占 4 成以上, 各大学附属中小学也要配合研究生院的课程;所需学分共 45 学分以上,其中教育实习占 10 学分。在此完成学业者可获得学科方向的硕士学位,类似于我国的专业硕士学位。

2008 年,兵库教育大学、上越教育大学、鸣门教育大学以及东京学艺大学等师范大学获得开办教师研究生院的资格,于同年 4 月开始招生,日本的中小学教师迎来了本升硕的时代。根据文部科学省高等教育局的统计,2008年共 19 所大学(其中国立大学 15 所、私立大学 4 所)开设了教师研究生院,

---

① [日]金子真理子.教員養成改革の動向と大学の役割.小学校教師に何が必要か[M].東京:東京学芸大学出版会,2013,25.

② [日]中教審答申.今後の教員養成・免許制度のあり方について[R].2006.

总体招生规模不是很大,总计招收706人,其中兵库教育大学招收100名最多,群马教育大学招收16人最少,东京学艺大学共招收30名。[①]

东京学艺大学教师研究生院课程分为四大类:①通识必修课20学分,包括课程开发、课堂教学、学校管理、学生指导、社校结合、教师资格等课程;②选修课10学分,包括应对教育的现实需要、耕耘学生心灵的教育、通过评价提高课堂教学、教育网的创建等课程;③课题研究(必修)6学分;④实践课(必修)10学分,共46学分。

教学形式上采用校内外联合研究小组开展课题的发现、开发、运用以及评价这种连贯的研究形式,教学方法上大胆引入实地考察、角色体验、实例研究、专业指导等有效途径指导学生的学习,并安排能够与一线骨干教师共同学习和研究的机会。这些规定体现了教师研究生院理论结合实际、突出教育现场、重视专业能力的课程特点。近年来,东京学艺大学教师研究生院的培养目标和办学方针更加充实、更加明确。

小资料5

东京学艺大学教师研究生院的办学方针

一、招生方针

教师研究生院(教育学专科硕士课程)的培养目标是,培养能够指导学科,具备解决现代教育问题的理论基础和实践能力、应用能力,并能够与同事、家长和社区合作,与专业联手的学校骨干教师和管理人才。招收对象:

1.具备学科专门知识和基础实践力、有上进心的大学毕业生或

---

① 夏鹏翔.日本教师专业化的历程及启示[J].日本学刊,2009(4),131.

者社会人,立志成为具备高度实践指导能力的学校骨干教师;

2.具有丰富学校教育经验的专门知识和实践能力,有解决现代教育问题的强烈欲望的在职教师,立志成为具备高度实践指导能力的学校骨干教师。

二、课程编制方针

为培养具备高度专业化的学校骨干教师,课程分为"学校组织管理""综合教育实践""学科领域指导""特别教育支援"和"教育项目"五类,根据学科、项目、课题、实习等主题设计以下科目:

1.培养能够成为学校骨干教师的通识类专业科目;

2.开发学科教学内容,将专业强度融入实践开展学习的项目学习科目;

3.开发学科和项目内容,为培育每一个学生均具备专门的课题意识和高度的研究能力的高度选修科目;

4.提倡学生自发发现教育一线的问题,掌握独立改善和解决问题的实践研究能力的课题研究科目;

5.将综合体验和反思学校教育教学活动的实习科目列为必修课;

6.配合以上学科,同时为解决教育现场各种实际问题,开展汇报、研讨、行动研究、工作室、案例研究、职务实习训练等教学方法。

三、毕业和学位授予方针

教师研究生院将为掌握了以下能力、修满学分的学生授予硕士(专业)学位:

1.能够基于学科专门性,进行高度的教育指导(实践性指导能力);

2.能够面向问题解决,创造性地参与学校建设、课堂改革(创造性改革能力);

3.能够通过协调性实践,反思性地改善教育实践(隐性实践能力);

4.能够实践联系理论(实践与理论的融合能力);

5.能够率先面对学校教育的问题,与同事组队加以解决(先导性的组织能力)。

资料出处:[日]東京学芸大学ホームページ 2020(东京学艺大学网站2020).

从以上小资料 5 中可见,"具备学科专门知识和基础实践力、有上进心的大学毕业生或者社会人"成为招生对象之一,即本科毕业直升的学生占了一定的比例,其他大学也相继出现相似的情况。原本教师研究生院以具备一定实践能力的在职教师为对象开设的,但是由于日本中小学教师工作量很重,很难有时间脱产到学校学习,另外还有地方教育委员会的推荐和经费等问题,因此近年来本科直升的学生越来越多。

为解决在职教师的研究生教育问题,日本师范大学开设了多种课程形式。例如东京学艺大学、千叶大学等开设了 2 年以上的长期培养课程,在职教师可以在 3~4 年期间计划性地安排学习课程并完成硕士论文。这种课程制度为保证在职教师工作、学习两不误,部分课程安排在夜间等工作之余或者寒暑假期间,最大限度地支持在职教师的专业发展。

三、创价大学教师研究生院的实践

创价大学教师研究生院也是 2008 年成立的,是第一批获得开设资格的私立大学之一。遵照创价大学创建人池田大作的建校理念:①成为人文教育的最高学府;②成为新文化建设的摇篮;③成为保卫人类和平的要塞,其教师研究生院也将"为了人的教育"作为学院的理念,贯彻"培养能够承担学校教育的、富有高度专业性和丰富人格魅力的教师"的办学思想。培养目标为:①培养具有一定教学经验的在职教师成为在社区和学校发挥指导作用的、具备实践和应用能力的学校骨干教师;②培养具备教师基本素质能力(已取得幼儿园、小学、中学、高中、特殊教育教师资格证书)的学生成为更有实践指导和创新能力的人才;③为促成以上①②两种人才培养课程的可行,开展实践性教育研究。

创价大学教师研究生院分为"人文教育实践骨干"和"人文教育专科教师"两个专业。前者以在职教师为招生对象,培养拥有人文教育理念和实践指导能力、专业的应用能力和发展能力的学校管理者,修业年限为 1 年,35学分以上;后者以本科直升和社会人为招生对象,培养拥有人文教育理念、富有丰富实践指导能力和高度专业的课堂教学能力的学校骨干教师,修业年限为 2 年,45 学分以上。

表7　1年制和2年制学分要求对照表

课程分类	学分数(1年制)	学分数(2年制)
通识课程	20学分以上	20学分以上
领域课程	15学分以上	15学分以上
实践课程	(最多免修10学分)	10学分
总　计	35学分以上	45学分以上

资料出处:［日］創価大学ホームページ 2020(创价大学网站 2020).

如表 7 所示,1 年制课程在实践课程里可减免 10 学分,这是因为在录取时有特别要求,申请学生应是具备 10 年以上一线教育教学经验的在职教师。申请考试时,申请人提供 10 年以上教育教学经历的证明和研究业绩、地方教育委员会出具的"教育实习综合评定表"和推荐信等材料,校方根据以上材料进行面试,认定该申请人具备了实践能力,即可免修实践课程的 10学分。此外,"人文教育专科教师"中还设有 3 年制课程,专门为获取小学专修和一类证书者以及其他各学段更高一级资格证书者而开设。这两类学生一年级的必修课程与教师研究生院课程同步。教师研究生院课程分为:①通识课程;②领域课程;③实习课程三部分,其课程内容如表 8 所示。

表8　创价大学教师研究生院培养课程

课程分类		课程名称	上课学期	实践骨干		专科（2年）		专科（3年）	
				年级	学分	年级	学分	年级	学分
通识科目（20学分以上）	教育课程编制及实施	《学习指导要领》研读和学科课程设计	秋学期	1年	2	2年	2	3年	2
		课程管理与校内研修的推进	春学期	1年	2	2年	2	3年	2
		个体学习的支援及学习计划	春学期	1年	2	1年	2	2年	2
	学科等实践性指导方法	学科等指导开发研究 A I（国语、社会）	春学期	1年	2	1年	2	2年	2
		学科等指导开发研究 A II（国语、社会）	秋学期	1年	2	2年	2	3年	2
		学科等指导开发研究 B I（算数、理科）	春学期	1年	2	1年	2	3年	2
		学科等指导开发研究 B II（算数、理科）	秋学期	1年	2	2年	2	3年	2
		学科等指导开发研究 C（体育）	春学期	1年	2	2年	2	3年	2
		学科等指导开发研究 E（外语活动）	春学期	1年	2	2年	2	3年	2
		学科等指导开发研究 F（道德）	春学期	1年	2	1年	2	2年	2
		综合学习和社会参加学习论	秋学期	1年	2	2年	2	3年	2
	学生指导及教育咨询	学校心理咨询现状及问题	秋学期	1年	2	2年	2	3年	2
		特殊教育的现状及问题	春学期	1年	2	2年	2	3年	2
		学生指导，防范校内暴力的理论与实践	秋学期	1年	2	2年	2	3年	2
	班级管理及	教育行政、学校管理的现状与问题	秋学期	1年	2	2年	2	3年	2
		特别活动的现状与问题	春学期	1年	2	1年	2	2年	2

续表

课程分类		课程名称	上课学期	实践骨干		专科（2年）		专科（3年）	
				年级	学分	年级	学分	年级	学分
领域课程（15学分以上）	学校运营	班级管理及同学关系	秋学期	1年	2	2年	2	3年	2
		学生理解和家长理解	秋学期	1年	2	2年	2	3年	2
	学校教育及教师的应然状态	推进世界市民教育的学校和教师的作用	秋学期	1年	2	2年	2	3年	2
		有关人的成长的理论与实践	秋学期	1年	2	2年	2	3年	2
		教师研修实务研究	春学期	1年	2	2年	2	3年	2
		教师的服务等教育法规	春学期	1年	2	1年	2	2年	2
	教育实习综合研究	教育实习研究方法Ⅰ	春学期	1年	2	1年	2	2年	2
		教育实习研究方法Ⅱ	秋学期	1年	2	2年	2	3年	2
		学习指导方法研究Ⅰ	春学期	—	—	1年	②	2年	②
		学习指导方法研究Ⅱ	秋学期	1年	②	1年	②	2年	②
		学习活动的组织及评价	秋学期	1年	2	2年	2	3年	2
		课堂教学能力提高的理论及方法	春学期	1年	2	1年	2	2年	2
		学校、家庭、社区的合作及专业教育的推进Ⅰ	春学期	1年	2	2年	2	3年	2
		学校、家庭、社区的合作及专业教育的推进Ⅱ	春学期	1年	2	2年	2	3年	2
		应用信息技术的教育活动	春学期	1年	2	1年	2	2年	2
	人文教育综合研究	人文教育实践分析研究	春学期	1年	②	—	—	—	—
		人文教育实践分析课题研究	秋学期	1年	②	—	—	—	—
		人文教育案例分析研究	春学期	—	—	2年	②	3年	②
		人文教育案例分析课题研究	春学期	—	—	2年	②	3年	②

续表

课程分类		课程名称	上课学期	实践骨干		专科（2年）		专科（3年）	
				年级	学分	年级	学分	年级	学分
实习课程（10学分）	教育开发综合研究	教职课题研究Ⅰ	春学期	1年	②	2年	②	3年	②
		教职课题研究Ⅱ	秋学期	1年	②	2年	②	3年	②
	教育实地综合研究	教育课题实地研究（国内）奈良	秋学期	1年	2	2年	2	3年	2
		教育课题实地研究（国内）富山	秋学期	1年	2	2年	2	3年	2
		教育课题实地研究（国外）亚洲	春学期	1年	2	2年	2	3年	2
		教育课题实地研究（国外）中国	秋学期	1年	2	2年	2	3年	2
	学校实习	实习研究Ⅰ	秋学期	—	—	1年	⑦	2年	⑦
		实习研究Ⅱ	秋学期	—	—	1年	③	2年	③
		实习研究Ⅲ	秋学期	1年	③	—	—	—	—
						必修科目　○数　字			

资料出处:[日]創価大学ホームページ2020(创价大学网站2020).

从表 8 中可以看出:①两个专业的必修课程是相同的,学生在 5 个领域中必选 3 科以上;②通识课程并非一般理论性的通识学习,而是教育一线所需的学科、学生指导以及教育管理等实际问题的学习,而领域课程则在此基础上,对各项工作进一步细致指导并安排国内外的实地学习;③实习课程是"人文教育专科教师"专业的必修课程,其中"实习研究Ⅰ"40 天、"实习研究Ⅱ"是 20 天,均在东京都公立学校举行,主要培养教师对教学、学生、班级的指导能力和解决问题的能力。"人文教育实践领导"专业的"实习研究Ⅲ"是在自己工作的学校进行,同时参加先进学校的研究会等。

图11　创价大学教师研究生院师生
参观我院

图12　创价大学教师研究生院师生
参加研讨会

图13　创价大学教师研究生院
学生在京观摩课

图14　笔者赴创价大学教师
研究生院讲学

　　课堂教学主要通过课堂讨论、学生汇报和学刊报告等"学习单"的方式进行,每堂课均由有实践经验的教师和研究型教师的双师指导,保证了课堂教学既有理论又有实践的双重效果。其中,领域课程之"教育课题实地研究"板块,设有国内国外研究活动,力求通过国内外的实地调研、课堂研讨等途径开展广域视野的教育实践。其中选择到中国北京实地研究的学生,由首都师范大学初等教育学院对接。自 2010 年开始每年秋季,创价大学教师研究生院的学生每年都到北京的小学做同课异构、中日比较等研究。

小资料6

创价大学教师研究生院学生"教育课题实地研究"案例①

教育课题实地研究(专科3年制学生 原田秀满)

创价大学教师研究生最后一年里有"教育课题实地研究"的课程,是学习国内外先进教育的机会。特别是中国组的教育课题实地研究通过和中国老师进行同课异构的交流,彼此互相学习,进行现实课题的探讨。去年、前年在北京呼家楼小学进行了数学学科的课堂交流。前年是有关"重量"的单元内容、去年是"数学公式分类"的单元内容。

日本教育的一个特点是尊重学生,让每个学生都有机会表现和认识自己。在课堂的拓展过程中采用共同学习法、以学生的日常生活经验为起点,促进每个学生都有发挥自己的机会。用这种组课的想法是想让中国学生也体验到这种学习氛围。导入部分利用PPT展示测量重量的道具,帮助学生回忆已学的知识,拓展部分通过测量重量的场面提出学习主题并让小组进行1kg重的测量活动。在测量重量的场景中,让学生产生学习兴趣和理解学习步骤。而后4人1组编成10个组,让每个学生都有参加学习活动的机会,同时感受如何与其他同学学习合作这种课堂氛围。最后自己总结1kg重的重量感觉同时写自己的理由。

在课后的交流活动中,针对利用录像教材的思路,中日教师有所不同。日本教师以注重激发学生兴趣为主,可是中国学生关注的是录像中的学习知识和活动内容。在拓展中的小组活动中,由于学

① 该文是创价大学教师研究生院参加由首都师范大学初等教育学院主办的"2019小学教师国际会议"之分会场报告资料。由于是日方的翻译,其中些许不顺的地方笔者做了调整,大部分保留了原文。

生们不太适应如何尊重别人想法的课堂氛围，所以学生个性在群体关系中难以得到理解。但中国的教师们已经领悟到"日本教师强调如何从他人角度去思考、操作学习活动，这就是尊重和平等心灵的体现"。"我们的学生应该在今后的课堂学习中加强这方面的体会。"从这一点我们也深刻领会到：作为教师，我们都有共同的追求，虽然国度不一样，为了每个学生的个性、能力发挥，这是教育目标的永恒法则。

我们现在学习如何做老师，下星期也将在北京的小学进行数学同课异构的课堂实践交流。单元是"复合图形的面积"。希望能从中国的老师们身上学习到更多的东西。

创价大学教师研究生院开设以来，不断探索办学理念，池田大作提倡的"人的教育"和"终身幸福的教育"的办学理念渗透到该大学的本科教学、研究生教育、附属中小学和幼儿园各个层面，尊重学生、发扬个性，激发学生不可估量的可能性成为其教育教学的关键。这种办学理念和教育模式既与日本 21 世纪以来教师教育整体发展目标相适应，也是私立大学办学特性的体现。

第五章

日本学者论小学教师专业能力[①]

    21世纪以来,教师专业化的理论研究和实践探索日益深入,各国相继出台了有关教师专业标准的政策文献,我国也于2012年出台《小学教师专业标准(试行)》,针对小学教师的专业理想、专业知识和专业能力进行了概念界定和内容规范, 对小学教师的专业发展和业绩评价给予了理论基础和政策指导。日本由于采取中央与地方相结合的行政管理模式,且录取、评价中小学教师的权力主要在于地方教育委员会,因此文部科学省不能发布政府层面的教师专业标准。

    由东京学艺大学岩田康之、别惣淳二、諏訪英广主编的《小学教师需要什么》(东京学艺大学出版会,2013)一书,围绕着小学教师培养,从"学习者"和"录用者"的视角,在日本全国范围内做了师范生和小学校长的问卷调查。调查集中在两个问题:①作为小学教师应具备的最低程度或者说是合格小学教师的素质能力该如何培养? ②现

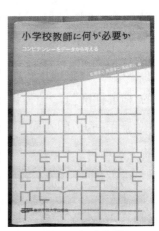

图15 日本学者著作

---

① 本章内容为日本学者著作的翻译,内容结构、文法文风等方面尽量保持了原著。

行课程的有效性和问题点是什么？日本学者的研究，为我们展现出日本小学教师培养的现状和发展趋势。以下四节即为《小学教师需要什么》的部分章节。

第一节　小学教师需要什么专业素质：可视化的尝试

兵库教育大学　别惣淳二

一、小学教师素质能力可视化研究的背景和契机

近年来，日本师资培养领域重点强调"出口管理"和"质量保证"问题，2005 年以来，特别强调在本科生阶段应明确师范生应具备的知识、作为教师所必需的基本素养，即"达成目标"，由此大学层面开始了以下研究活动。

第一是根据文部科学省的要求，大学开始研究本大学的"达成目标"，日本教育大学协会于 2008 年启动"本科师范生培养之'达成目标'研究"，探讨如何将预算重点倾斜于大学教育实践等问题，被称为"GP（Good Practice）"项目。这个项目是 2005 年开始征集的《大学、研究生院教师培养推进项目（教师培养 GP）》的延续，它促进了充实教师培养"达成目标"的具体化。例如北海道大学的"自我成长力提升的步骤"、横滨国立大学教育人类科学学部[①]的"横滨标准"等。值得说明的是，由于"教师培养 GP"在遴选项目时，十分重视"录用一方"的意向，因此各地区中标的几乎都是与当地教育委员会联手研究的项目。

另外还有区别于"教师培养 GP"的、所谓有特色的大学教育援助项目（特色 GP）。例如 2005 年上越教育大学开展的"教育实习"中心的教师培养课程改进研究，面向"教育实训"，以"达成目标"为标准的专业标准制定等研究；

---

① 日本大学的"学部"相当于我国大学的院系。

2006 年鸣门教育大学启动的教师培养核心课程研究"鸣门计划"及走向实质化的"课堂教学实践评价标准"研究等，即是此类研究。

2006 年，中教审发布答询报告《今后的教师教育、教师资格认定的应然状态》，提出新设"教育实践实训"课程，随后 2017 年，文部科学省招募"教师培养改革模式"项目，弘前大学教育学部和琉球大学教育学部皆以"教育实践实训（暂名）"课程申请中标，此为"教师培养改革模式事业"之试行项目，也是该研究的主题之一。这些举措，推动了作为"教育实践实训"评价标准的"达成目标"的开发。

除去 GP 等文部科学省的补助金项目，随着国立大学法人化后，福岛大学于 2005 年开始了人类发展文化学科的研究。福岛大学人类发展文化学科根据教师资格制度改组，形成由教师培养和非教师培养合成的"一般大学教师培养"的结构。同时，为了发挥地区教师培养的作用和责任，福岛大学与地区教育委员会联手，开始"理想教师"的"福岛教师专业标准"研究。

二、"达成目标"内容、领域的构成

各大学有关"达成目标"之内容、领域的研究，大体可分为三类：

第一为教师培养，主要是明确大学培养阶段之教师必备素质能力的内容及其领域。例如福岛大学人类发展文化学科于 2007 年制定的"福岛教师专业标准"，以美国州际新教师评价与支持联合体标准（Interstate New Teacher Assessment Support Consortium，简称 INTASC）为参考分为四个领域：①教师的自立与使命感 4 项；②课堂与学习的创造 4 项；③小学儿童的理解与指导 3 项；④教师合作与学习运用 2 项。每一项均将教师素质分为"知识""实践力"和"态度"三个领域，共组成 39 条具体要求。进而将 39 条要求按照前期（教育实习前）、中期（教育实习前后）和后期（毕业时）的三阶段，并明示出上述三个领域的具体要求，使得每个阶段的评价也具有了可能性。

第二为教育实习实训，以 2006 年中教审答询报告中提示的"教育实习实训"的"达成目标"为基准,制定具体目标。例如 2008 年上越教育大学与地方教育委员会联手制定"专业标准",列出四大事项:①作为教师的使命感、责任感及对教育的爱;②作为教师的社会性、人际关系;③教师对儿童的理解和班级管理;④教师的学科指导力,共 16 个"达成目标",下又分为 9 个中目标和 35 个小目标,并制定了为第三学年初教育实习的三个阶段的具体目标,即"上越教育大学特色 GP 课题实施"。

第三为课堂教学能力,制定评价明细。例如鸣门教育大学的"教学实践力评价",将教学实践力分为"课堂设计能力""课堂推进能力"和"课堂评价能力"三个领域。其中,"课堂设计能力"按照 12 个学科分为 10 个评价项目;"课堂推进能力"和"课堂评价能力"以"融合学科"的理念为基础定为 16 个评价项目,这就是"鸣门教育大学的特色 GP 课题"。又将 26 个评价项目,以三个阶段"基础阶段""标准阶段"和"发展阶段"分别列出。

具体到研究过程, 多数情况是与各地区的教育委员会联手或者邀请教育专家共同参与,也有在大学内组成专门委员会,签协议横向合作。

三、小学教师培养标准的研发

(一)第一次调研

为明确小学教师培养阶段应具备的最低限度的专业标准各项内容,H 大学以"本大学本科生毕业就职时应具备怎样的素质能力"为主题进行了问卷调查。问卷设定了 12 个项目:①理解儿童;②对待儿童的方法;③学科、道德、综合学习的指导;④学科、道德、综合学习指导的专门知识;⑤课前教案;⑥课后评价;⑦班级管理;⑧班级、学年间的学生指导;⑨特别活动;⑩教师的言语、态度和意识;⑪与家长、社区的关系;⑫其他。问卷为无记名、开放题,校内校外共回收有效问卷 95 份(大学教师 12 份、附属学校教师 35 份、公立学校教师 47 份、不明 1 份)。12 个项目分别整理、统计后,再次研讨归纳为 57 项内容,开始了第二次调研。

（二）第二次调研

根据第一次调研结果得出的57项内容,作为《新任职教师的素质能力》基础调查,对H大学的教师、全国师范类大学或者师范院系附属小学的教师、H县教育事务所和教研所的职员、指导H大学实习生的公立小学的教师,进行了第二次调研。此次调查仍然采用无记名方式,各项问题设有"非常重要""比较重要""无所谓""不太重要"和"完全不重要"5个选项,共收到有效问卷922份(大学教授55份、附属小学教师709份、教育事务所和教研所职员57份、公立小学教师101份)。

（三）小学教师培养标准的测定

第二次调研结果经过数据分析,所有项目平均值都达到了3.0以上,说明57项内容可作为小学教师入职所必需的素质能力。

为将57项内容进一步结构化,研究者参考国内外相关文献,并从胜任力和具体行为的角度下分了10个领域:①理解儿童的能力;②与儿童沟通的能力;③教学设计能力;④学习指导能力;⑤课堂评价能力;⑥班级管理能力;⑦学生指导能力;⑧专业理想;⑨自我提高能力;⑩联络与合作能力。这10个领域,反映出小学教师培养的特点。

四、研究方法和过程

（一）小学教师培养标准研究内容的制定

本研究的目的在于,通过全国性问卷调查,明确小学教师应具备的最低限度素质能力的培养过程及其培养课程的有效性和问题点。在全国发放问卷之前,将前述57个项目的内容做进一步分析,排列出每个领域中平均值最高的3项,作为小学教师应具备的最低限度素质能力的选项。如表9所示,有○标记的即为被选中项目。

表9　小学教师的素质能力

（1）理解儿童的能力	平均值	标准差	样本数
○ 3.能够创造与儿童接触的机会,理解真实的儿童	4.7	0.58	925
○ 4.能在与儿童的接触过程中,理解每一个儿童的个性和不同	4.5	0.67	924
○ 1.能够理解不同阶段、不同年级儿童的心理特征	4.2	0.78	925
41.理解儿童的个性、性格、人际关系	4.2	0.72	922
2.知道观察、记录等能够客观理解儿童的方法	4.1	0.81	923
5.理解儿童的家庭环境和成长经历	3.9	0.87	923
（2）与儿童沟通的能力			
○ 7.能对所有儿童公平、公正	4.7	0.62	926
○ 8.耐心听儿童讲完话,感受儿童的心情	4.7	0.51	925
○ 9.能够与儿童进行对话交流	4.6	0.58	923
6.能够冷静判断和对应具体情况下儿童的状况	4.3	0.73	925
（3）教学设计能力	4.5	0.61	926
○ 19.能够研究教材			
○ 18.能准备所需教具和练习用纸	4.3	0.73	926
○ 17.能够根据儿童的实际情况备课(如板书、提问的设计)	4.1	0.81	926
20.能够将学年和学期指导计划制定单元教学计划	3.8	0.85	923
43.能够有意识地根据教学目标,缜密计划和准备教学	3.7	0.80	925
（4）学习指导能力			
○ 21.能够在每节课中实现教学目标,指导儿童学习	4.4	0.70	924
○ 12.能够掌握各学科的知识	4.2	0.75	926
○ 11.能够理解《学习指导要领》的内容	4.1	0.84	926
○ 23.能够指导儿童带着问题学习	4.1	0.77	923

续表

	(4)学习指导能力			
○	26.能够保证课上儿童充裕的活动时间	4.1	0.77	923
	22.能够指导学生自主性的学校活动	4.0	0.80	925
	24.能够有效使用教材和教具	4.0	0.77	925
	25.能够采取切合的课堂目标指导方法	4.0	0.77	925
	45.能够引领学生理解学校活动的目标和意义	3.9	0.76	925
	13.能够理解每个单元的目标、意义及其定位	3.8	0.86	926
	14.具备各学科的指导方法及其技术性知识	3.8	0.82	922
	15.具备教育学、心理学等专门知识	3.6	0.91	923
	33.具备通过相互评价和自我评价而培养学生评价能力的能力	3.6	0.87	922
	(5)课堂评价能力			
○	32.能够按照课程目标评价儿童的学习效果	4.1	0.78	924
○	28.能够理解课堂评价的目的	3.8	0.85	926
○	31.能够用评价的观点客观地评价课堂	3.7	0.85	922
	29.能够利用档案袋和视频技术进行课堂评价	3.4	0.85	924
	(6)班级管理能力			
○	38.能够通过与儿童的相互理解,建立信任关系	4.7	0.55	925
○	35.能够制定班级生活和学习的制度	4.4	0.70	925
○	36.能够在班内创造民主、有效的小组	4.3	0.71	924
○	37.能够把握班内儿童的朋友关系及其性质	4.3	0.67	925
	34.能够制定班级目标	3.8	0.87	925
	(7)学生指导能力			
○	40.能够倾听儿童的声音,看准儿童发出的苗头	4.6	0.61	922
○	46.能够强力指导儿童自主性地开展活动	4.2	0.73	925

续表

（7）学生指导能力			
○ 39.能够理解儿童指导的目的和方法	4.0	0.75	922
（8）专业理想			
○ 48.具备作为教师的正直、谦虚和合作性	4.8	0.53	925
○ 49.具备作为社会人的常识,遵守社会规则,使用正确的语言	4.7	0.55	925
○ 50.具备作为常人的温和、亲切和幽默	4.6	0.62	925
10.能够使用作为教师的合适语言	4.5	0.71	925
47.能够在实施活动时进行安全指导,具备安全意识	4.5	0.66	924
56.具备确保儿童安全的危机管理意识	4.5	0.63	925
44.活动中,能够与儿童共同企划并加以指导	4.3	0.72	925
52.具备作为教师的坚定的教育理念和教育观	4.1	0.83	923
（9）自我提高能力			
○ 51.具有自我钻研的意识和上进心	4.7	0.52	924
○ 53.能够客观看待作为教师的自己的行动	4.3	0.74	925
○ 30.能够反思和分析教学,提出改进的策略和问题	3.9	0.82	923
16.能够将专业知识运用到实践中,并由此学习到更多的东西	3.8	0.93	922
27.了解课堂研究和改善的方法	3.7	0.86	922
（10）联络与合作能力			
○ 54.能与家庭联络,和监护人保持信任的关系	4.5	0.65	925
○ 42.能够与监护人和同仁配合,冷静地对待儿童的各种问题	4.4	0.67	923
○ 55.能将学校的事情告知监护人并取得他们的理解	4.4	0.67	925
57.积极参加 PTA 及社区的各种活动	4.1	0.78	925

表9中标注○的共33项,研究组又将"作为教师的使命感、责任心,对教育事业的爱"加入（8）专业理想中,最终制定出34项内容的调查问卷。

（二）调查方法和过程

用此 34 项内容的调查问卷，向以下三类人群：①全国有培养小学教师课程认定的大学和学部在籍的、希望取得小学教师资格证书的学生；②全国的小学新任教师；③八个都道府县、政令指定都市①的小学校长发放了问卷。其中回收问卷方面，第一部分人群 3813 份（回收率 35.6%）、第二部分人群 2569 份（回收率 43.1%）、第三部分人群仅有 465 份（回收率 32.4%），但做了部分访谈。

第二节　　小学校长需要新入职教师具备什么样的专业素质

川崎医疗福祉大学　　难波知子

本节汇集、分析了有新入职教师小学的校长的问卷结果和访谈，明确了"接受新入职教师方面"的需求，同时提示小学校长所希望的新入职教师的应然状态及对培养课程的建议。调查主要集中在以下三个问题上：

1.问卷调查：对于大学毕业时应具备的教师素养及对教师培养课程的评价（量性分析）；

2.开放题：对于培养阶段的小学教师素质能力提升的意见（自由书写）；

3.访谈：对新入教师的素质能力和教师培养课程的意见（校长访谈）。

此次问卷调查是从 2007 年接受了"新入职教师调查"的 28 个都道府县、政令指定都市中，选出 8 个教育委员会取得认可，将其管辖的所有中小学校长的 40% 作为调查对象，共发放问卷 1434 份，回收问卷 465 份（有效回答率为 32.5%）。

---

① 政令指定都市：日本的一种行政区制。根据《地方自治法》，当一个都市人口超过 500,000 万（实际被指定的都市均超过了 1,000,000 万）并在经济上、工业上具有高度重要性时，即被指定为"主要城市"。政令指定都市具有一定的自主权，但原则上仍属于道、府、县的管辖。

一、对于大学毕业时应具备的教师素养及对教师培养课程的评价(量性分析)

(一)大学毕业时素质能力的必要度、达成度及其二者的差值

表10　大学毕业时素质能力的必要度

专业标准		M	SD	排序
Ⅷ	专业理想	4.47	0.46	①
Ⅰ	理解儿童的能力	4.34	0.62	②
Ⅱ	与儿童沟通的能力	4.31	0.55	③
Ⅶ	学生指导能力	4.31	0.53	④
Ⅵ	班级管理能力	4.20	0.63	⑤
Ⅸ	自我提高能力	4.19	0.58	⑥
Ⅲ	教学设计能力	4.05	0.70	⑦
Ⅳ	学习指导能力	3.96	0.65	⑧
Ⅴ	课堂评价能力	3.94	0.70	⑨
Ⅹ	联络与合作能力	3.88	0.60	⑩

如表 10 所示,"Ⅷ专业理想(4.47)""Ⅰ理解儿童的能力(4.34)"和"Ⅱ与儿童沟通的能力(4.31)"为必要度之前三位,说明作为教师的使命感、热情,对儿童的理解和态度以及与儿童的交流和指导等素质能力,尤其得到期待。

表11　大学毕业时素质能力的达成度

专业标准		M	SD	排序
Ⅷ	专业理想	3.41	0.80	①
Ⅸ	自我提高能力	3.24	0.77	②
Ⅶ	学生指导能力	3.24	0.77	③
Ⅰ	理解儿童的能力	3.20	0.80	④
Ⅱ	与儿童沟通的能力	3.20	0.81	⑤
Ⅲ	教学设计能力	3.18	0.82	⑥
Ⅹ	联络与合作能力	3.16	0.92	⑦
Ⅵ	班级管理能力	3.02	0.86	⑧
Ⅳ	学习指导能力	3.01	0.75	⑨
Ⅴ	课堂评价能力	2.97	0.79	⑩

如表 11 所示,"Ⅷ专业理想(3.41)""Ⅸ自我提高能力(3.24)"和"Ⅶ学生指导能力(3.24)"为达成度之前三位,但前三位与后三位的差值,也不是很大。

表12 大学毕业时素质能力必要度和达成度的差异

专业标准	差值（必要度—达成度）	达成度排序
Ⅵ 班级管理能力	1.18	①
Ⅰ 理解儿童的能力	1.14	②
Ⅱ 与儿童沟通的能力	1.12	③
Ⅶ 学生指导能力	1.07	④
Ⅷ 专业理想	1.07	⑤
Ⅴ 课堂评价能力	0.97	⑥
Ⅸ 自我提高能力	0.95	⑦
Ⅳ 学习指导能力	0.94	⑧
Ⅲ 教学设计能力	0.87	⑨
Ⅹ 联络与合作能力	0.72	⑩

如表12所示，"Ⅵ班级管理能力（1.18）""Ⅰ理解儿童的能力（1.14）"和"Ⅱ与儿童沟通的能力（1.12）"三项差值最大，差值最小的为"Ⅹ联络与合作能力（0.72）""Ⅲ教学设计能力（0.87）"和"Ⅳ学习指导能力（0.94）"。而必要度和到达度差值最小的"Ⅹ联络与合作能力"，也有0.72的差异，说明必要度与实际上教师所具备的程度之差距，还是非常大的。

（二）对培养课程有效度的评价

表13 对培养课程有效度的评价

教师培养课程	n	M	SD	排序
（5） 实习、体验类科目	462	4.33	0.92	①
（3） 学科教学科目	463	4.12	0.77	②
（2） 专业理想科目	462	4.07	0.82	③
（1） 通识教育科目	463	3.94	0.88	④
（4） 学科教育科目	461	3.89	0.81	⑤
大学培养课程整体	458	3.80	0.82	

如表13所示，对"大学培养课程整体"有效度的评价是3.80，评价相对比较高。而有效度上位为"（5）实习、体验类科目（4.33）"和"（3）学科教学科目（4.12）"两项，有效度最低的是"（4）学科教育科目（3.89）"，说明对于每一门课程的评价也是比较高的。

二、对于培养阶段素质能力提升的定性分析

开放问题："最后,对于培养阶段的小学教师素质能力的提升,校长您是如何想的? 请自由书写。"在回收的 353 份答题纸中,对于关心度高的内容进行主题分析,归纳为"教育""教师培养""儿童""社会人"和"实习、体验"五大类。

(一)"教育"(138 份)

例如:"应重视教育哲学, 要让学生好好学习伦理道德的深刻精神和思想(不仅仅是德目),不然就不能应对现在的儿童和家庭。也就是要在初等教育阶段,改变就事论事这种简单的想法。""教师以上课为本,义务教育阶段要让儿童理解'主体性快乐课堂'的意义和方法,但遗憾的是,目前还有不少年轻教师还在填鸭式教学或者照本宣科。"等等。

(二)"教师培养"(41 份)

例如:常言道:"'教书育人',是否具备儿童教育的使命,这对于教师素质能力的提升差异甚大。教师培养阶段是人格形成的基础阶段,恳请用心。""现在出了六年一贯制课程方案,说明与过去相比,大学投入很大,应重点培养与儿童交流的能力。"等等。

(三)"儿童"(68 份)

例如:"要提高通过与儿童对话理解学生的能力, 现在学校一线有不少年轻教师不能与有心理问题的儿童对话。""爱人、爱劳动,为儿童们工作。现在的孩子们变化多样,用以往的学问很难对应。但无论如何,爱人还是最根本的。"等等。

(四)"社会人"(23 份)

例如:"作为教师,首先要培养成为社会通用的人才,因此可不可以在师范生招生时,将名额的半数左右专门招收有三年以上社会工作经验的人。""培养作为社会人的常识、规范,对他人的关怀等,是最为重要的,也就是

感性、人性的磨炼……这些都是靠研修得不到的东西。"等等。

（五）"实习、体验"（83 份）

例如："在大学学习了必要的知识后，再通过 1~2 年的教育实习，我们希望真正喜欢教师、愿意把自己一生都献给孩子的有坚强意识的人才成为教师。""将在大学学到的知识用于实践一线，再将实习的结果带回教室验证。与此同时，将改革方案再次投入实践，不断巡回，这是最重要的环节。"等等。

三、对新入职教师的素质能力和教师培养课程的意见

为了从更多角度分析调查问卷，从以上参加问卷调查的校长中抽出 20名，又从中选出愿意协助采访的校长 3 人进行了访谈。三人对新任职教师素质能力的希望集中在"Ⅰ理解儿童的能力""Ⅲ教学设计能力""Ⅳ学习指导能力""Ⅷ专业理想"和"Ⅸ自我提高能力"。其中，触及最多的是"Ⅷ专业理想"和"Ⅸ自我提高能力"，三人都提及的是"Ⅲ教学设计能力"，例如"能够设计给予儿童实况的教案（包括板书和问题预设）"；"Ⅷ专业理想"，例如"具备作为教师的使命感、责任感和对教育的热情，作为教师的正值、谦逊和协调性"；"Ⅸ自我提高能力"，例如"具有自我研修的意愿和上进心"等。

四、大学应如何回应小学校长的呼吁

（一）小学校长所期待的新任职教师的"实践性"

对新任职教师"实践性"的期待，反映了小学一线的需求，也暗示着在培养阶段，大学并未让学生掌握能够应对教育现场复杂情况的能力。因此，在大学阶段就应该给予学生实践知识，使其成为 4 月份入职后就能够应对教育问题的成熟的教师。

过去，家长对于"新入职教师""年轻教师"有着一定的理解和助力，但是

现在到了社会要求"教谕"①责任的时代,因此培养阶段显得尤为重要。"教育理论与实践是两条平行线,要相互作用、在教育的实际生活中才能真正增长能力。因此,培养阶段应设体验模拟课程。"这些建议对于大学培养课程具有很强的针对性,大学阶段,要让学生学会广泛的教养和深刻的知识,并具备理论与实践二者结合的"实践性"。为此,大学教师要将所教专业与小学实践相结合,自觉研究如何为解决教育一线问题而贡献力量。

(二)对培养课程改进的建议

从问卷调查可以判断,从新任职教师的工作状况看,对于培养课程有效性的评价相对较高,而校长访谈结果又显示出"看不出是否能真正想着儿童""提高自己的专业性,挑战课堂的意识比较弱"等问题。

"在大学学到的东西拿到实践场,通过教育实习加以验证,并在此基础上改进课程,实践、实践、再实践。""通过'体验和反省的反复运动',培养教育实践研究能力。为此,大学教师之间、大学与小学之间的协作必不可少。"由此,大学应该面对研究志向与实践志向、学科教学与专业理想之间的界限,在统一的课程中组织学生和安排课程,以培养能够承担起下一代教育的、具备"实践性"内涵的人才,入职后也能够继续研究实践的教师,这是真正意义的小学教师素质能力的质量保证。

第三节　　小学教师在哪里培养

帝京科学大学　梅泽实

教师素质能力的提升,是在培养、录用和进修的过程中实现的。本节聚焦大学的讲座、实训、实习的"培养阶段场域"和进修、新入职5~11个月的"新入职阶段场域",对教师的素质能力进行考察。问题如下:

---

① 教谕:研究生学历的中小学教师。

1.学生或者新入职教师分别在"培养阶段场域"和"新入职阶段场域"如何把握作为教师的素质能力,在两个场域中应具备怎样的意识? 学习什么?

2.校长希望他们分别在两个场域,具备怎样的素质能力?

本节针对本科三四年级学生和小学新入职教师、小学校长为对象发放问卷。调查三四年级学生是因为他们正值教育实习前后,而新入职教师则是刚刚站上讲台 5~11 个月的年轻教师。

一、"培养阶段场域"的学习

对本科生问道,前述 10 项素质能力的内容项目,具体应该在"培养阶段"的哪里获得? 问题如下,请四选一:"①大学课程(讲座、实训)""②大学课程(实习、体验类科目)""③大学课程以外的大学生活(场)"以及"④入职后的学校一线(新入职阶段场域)"。结果如表 14。

表14　素质能力在哪个场域形成

专业标准		①大学课程(讲座、实训)	②大学课程(实习、体验类科目)	③大学课程以外的大学生活(场)	④入职后的学校一线(新入职阶段场域)%
I	理解儿童的能力	6.4	51.7	15.9	25.9
II	与儿童沟通的能力	1.0	52.6	26.2	20.2
III	教学设计能力	43.5	29.2	14.9	12.4
IV	学习指导能力	31.2	41.1	3.4	24.3
V	课堂评价能力	31.5	22.0	2.3	44.2
VI	班级管理能力	10.5	18.0	3.5	68.0
VII	学生指导能力	9.6	29.6	5.3	55.5
VIII	专业理想	37.8	31.4	22.5	8.3
IX	自我提高能力	14.3	24.9	51.4	9.3
X	联络与合作能力	3.4	13.6	3.9	44.4

资料:本科生 n=3176.

（一）"培养阶段场域"学生素质能力的把握

如表14所示，在①大学课程（讲座、实训）中，选择最多的是"教学设计能力"，"专业理想""课堂评价能力"和"学习指导能力"紧接其后；在②大学课程（实习、体验类科目）中，"与儿童沟通的能力"和"理解儿童的能力"排序第一、二，"学习指导能力"随后；在③大学课程以外的大学生活（场）中，半数以上是"自我提高能力"，第二、三位是"与儿童沟通的能力"和"专业理想"，但比例都在30%以下；在④入职后的学校一线（新入职阶段场域）中，"班级管理能力"和"学生指导能力"的比例达到50%以上，"联络与合作能力"和"课堂评价能力"随后，比例为40%以上。

根据表14的数据可以看出，本科生所考虑的教师的成长过程大体如下：

在①大学课程（讲座、实训）中，强调的是要学会研究教材、写教案，准备教具、用纸等课堂资料，并提高专业理想，学好课堂评价和学业指导等基本知识；在②大学课程（实习、体验类科目）中，应准备实际上能与儿童接触和课堂实践的机会，实际体验"与儿童沟通的能力"和"理解儿童的能力"，并伴随着讲座和实训，不断提升专业理想；在④入职后的学校一线（新入职阶段场域）中，与教育实习关系不大的"班级管理能力"和"学生指导能力"可通过担任班主任而得到锻炼，同时掌握"课堂评价能力"和联系家长、社区的"联络与合作能力"。以上本科生所描绘的教师成长的路径，体现了他们以①大学课程（讲座、实训）和②大学课程（实习、体验类科目）作为"理论与实践的往复"，从而获得专业成长的思考。

（二）"培养阶段场域"中学生的学习

针对以上本科生所思考的"理论与实践的往复"，学生于"培养阶段场域"应该学习什么？"培养阶段场域"中学生的学习如何与"新入职阶段场域"相链接呢？

1.关注实习生在实习期间（四周）课堂观察着目点的变化

第一周（还未上课或者上过1次课）：带着"儿童主体性"的意识，将大学课程所学到的知识以讲课、巡回指导、板书等具体课堂行为加以实现。讲课时应该好懂、耐心、有趣,巡回指导时要重视每一个孩子的表现,板书要明了、归纳性强。

第二周(上过 2~3 次课):聚焦讲课、发问等教学行为,从学生学习的侧面加以观察。

第二周半到第三周(上过 3~4 次课):注意教学行为与学生学习的链接,有意识地关注"需要关注的孩子""特定孩子"。

第三周到第四周(上过 5~6 次课):注重学生的学习与教材的关系,加强批评性视角。

总结以上四个阶段可见,实习生观课的视角有着阶段性改变,第一是将所学知识转换为教学行为;第二是从学生的角度把握讲课、发问等课堂行为;第三是重视"特定儿童"与教学的关系。

2.引导实习生通过课堂实践的学习

实习生从初次站到课堂到最后的课堂设计、写教案等实践过程,其中发生了明显的变化。课堂设计的想法决定于在每次课堂实践中对学生的关注程度,且在实践中,从"推进"到"停止"的想法逐渐增加,"倒回"的想法减少。所谓"推进"是按部就班展开教学,"停止"即暂停讲课,将那个阶段所学内容让学生再学一边,"倒回"就是回到前边所学内容的意思。

另外,针对三年级实习课堂中使用练习纸的情况做了问卷调查:①练习纸的使用率;②使用的理由;③使用时的关注点;④实习生对练习纸的自我评价;⑤实习过程中练习纸制作和使用的变化。结果归为两点,第一是为推进"课堂顺利进行"的意识,第二是为"启发学生多样化思考"而组织学生主体课堂的意识。

3.研究决定实习生实践方向的两个矢量

从实习生以往的学习状况可以看出, 他们的课堂有两个矢量:A 是以推进"课堂顺利进行"为代表的、重视课堂表面呈现的矢量;B 是以"启发学生多样化思考"为代表的、追求理想的课堂理念的矢量。二者合并可形成面向实际的课堂 C 矢量。其中，A 矢量增大时，C 矢量被拖后腿，B 矢量就会缩水。这种现象在之前做的课堂意识调查中也可推测。

通过课堂实践，实习生通感自身教学技术的贫乏，也不能预测学生的课堂反应。换言说，大学培养课程未能很好解决他们所经历的这些问题，由此他们对大学培养课程的评价，应该是"无效"的。

(三)"培养阶段场域"教师素质能力标准的达成

综合考虑以上实习生的学习和专业标准达成度，可以看出学生对于素质能力内容选项的满意度为：本科三年级学生的专业标准排序为"专业理想""自我提高能力"和"理解儿童的能力"，四年级学生为"专业理想""与儿童沟通的能力""自我提高能力""理解儿童的能力""教学设计能力"和"学习指导能力"。在四年级学生中，"专业理想"的平均值最高，但"班级管理能力""联络与合作能力""课堂评价能力""学习指导能力"的平均值比较低。特别是"班级管理能力""联络与合作能力"尤其低，可以说在实习中基本没有得到锻炼。"班级管理能力"说是参与管理，不如说是一种感受班级氛围并融入其中的意识。"联络与合作能力"，对于实习生来说完全没有体验的机会。虽然向实习学校指导老师讲明了愿望，指导老师也努力争取了，但实际上几乎没有实现的条件。

另外，关于大学课程中"学科教育""学科教学"和"专业理想"的有效性，正如前述实习生观课视角的变化过程，开始时就是把在大学学到的知识转化为教学行为，之后边实践边寻找理论与实践的链接。而对于"学习指导能力"，实习生明显感到力不从心，虽然做好了在实践中追求理想的课堂的思想准备，但目标无法达成，因此他们尤其希望大学期间多学习实践性知识和技能。

二、"新入职阶段场域"的学习

（一）在"培养阶段场域（大学课程）"的哪个阶段培养能力

新入职教师对于 10 个素质能力应在哪里培养这个问题，他们的想法与本科生大致相同，不同点处集中在③大学课程以外的大学生活（场）上，如表 15。

表15　新入职教师的意识

专业标准	①大学课程（讲座、实训）	②大学课程（实习、体验类科目）	③大学课程以外的大学生活（场）	④入职后的学校一线（新入职阶段场域）%
Ⅰ 理解儿童的能力	8.3	47.3	21.8	22.6
Ⅱ 与儿童沟通的能力	1.6	49.9	32.5	16.0
Ⅲ 教学设计能力	46.5	26.0	12.5	15.0
Ⅳ 学习指导能力	35.5	35.1	1.5	27.9
Ⅴ 课堂评价能力	34.7	15.9	1.0	48.3
Ⅵ 班级管理能力	15.3	20.0	4.8	59.9
Ⅶ 学生指导能力	13.2	29.4	5.4	52.0
Ⅷ 专业理想	43.7	23.4	21.9	11.0
Ⅸ 自我提高能力	16.6	19.7	49.1	14.7
Ⅹ 联络与合作能力	6.1	10.2	40.8	42.9

如表 15 所示，在③大学课程以外的大学生活（场）中，"联络与合作能力"排序第二，数值几乎是本科生 3.9%（见表 14）的 10 倍。

在调查小学时，采访新入职教师"学生和教师的意识，变化最大的是什么？"时，回答中 60%以上首选"作为教师的使命感"，即"专业理想"。关于这一点，新入职教师特别说明在担任班主任时，面对眼前的孩子们，深感"责任"之重大，这是在本科生回答中所没有的实质性内容。

（二）教育一线实践数月的体验

新入职教师面临三大问题：①教师自身的问题；②关于学生的问题；③关于家庭、家长的问题。其中①是指"关于教师这一职业的社会化以及班级管理、学习指导方面的问题"，例如校方的管理、就餐费和学习成绩等；②是指"如何指导学生遵守教师的教导，引导学生养成学习习惯、理解和掌握学习内容"等。

由以上这些问题，期待新入职教师在 5 月份对"社会对教师的种种责任"产生思考，6 月份开始研究"如何从职业社会化的角度应对每一个学生"等问题。通过对新入职教师所面临的问题的分析，可以看出对于"培养阶段场域"的培养课程的反馈意见。

三、教师学习的场域——小学校长的意见

（一）校长的意见

小学校长的问卷中，围绕教师素质能力应在哪里培养的问题，对以上 10个内容项目的选项结果如表 16。

表16　校长的意见

专业标准	①大学课程（讲座、实训）	②大学课程（实习、体验类科目）	③大学课程以外的大学生活（场）	④入职后的校外进修	⑤入职后的教育一线
Ⅰ　理解儿童的能力	17.8	44.9	3.8	1.1	32.4
Ⅱ　与儿童沟通的能力	4.2	54.2	10.9	1.8	28.9
Ⅲ　教学设计能力	35.6	27.9	6.4	10.6	19.5
Ⅳ　学习指导能力	27.2	35.0	1.5	8.0	28.3
Ⅴ　课堂评价能力	28.6	23.7	1.6	16.5	29.7
Ⅵ　班级管理能力	8.0	20.1	2.2	8.8	60.8
Ⅶ　学生指导能力	6.7	21.3	1.3	9.2	61.4

续表

专业标准		①大学课程（讲座、实训）	②大学课程（实习、体验类科目）	③大学课程以外的大学生活（场）	④入职后的校外进修	⑤入职后的教育一线
Ⅷ	专业理想	38.6	23.5	16.4	9.8	11.8
Ⅸ	自我提高能力	15.4	17.9	26.6	17.9	22.3
Ⅹ	联络与合作能力	4.0	7.1	21.3	6.7	61.0

如表 16 所示，对于素质能力 10 个内容项目，校长认为"理解儿童的能力""与儿童沟通的能力"应在②大学课程（实习、体验类科目）完成，百分比值分别为 44.9%和 54.2%，数值最高。同时，"联络与合作能力""学习指导能力"和"专业理想"应该作为"培养阶段场域"的课程，单独开设。

另外，"学生指导能力""联络与合作能力"和"班级管理能力"应在⑤入职后的教育一线完成，百分比值都在 60%以上，由此可见，这几项素质能力在"培养阶段场域"的学习是非常有限的，而在实践中的习得更加有效。

（二）校长访谈记录

T 校长：重要的是带着自我成长和增强教师专业性的意识走进课堂，否则，单靠按照教材上课，就成了照本宣科老师了。日本的教育，今后还得努力。

U 校长：如何与家长对话并获得理解？如何在课上把握每一个学生？这些都是班级管理所需要的能力。年轻老师要时常思考这些问题，在行动中成长。这些在大学阶段都是无法完成的。

H 校长：感觉年轻老师对于自己的工作，没有积极询问旁人的意识。作为年轻老师，应该发现自己的班级有问题时，主动寻求帮助，启动内发力。这是比较欠缺的地方。

四、教师培养课程的改进

根据以上对大学三年级、四年级和新入职教师的问卷调查，小学教师素质能力应该在哪里、如何形成?

在实习阶段没能意识到的对儿童的"教师的责任",实习生通过实践明确了学生学习的重要位置,并认识到自己所追求的学生主体的课堂,不能只是停留在表面上,还需要具体方法,而这一方法的习得正是在课堂实践中获得的。

另外,在日常的教育教学中,会逐渐熟悉常规的套路,而这种套路性的东西,越熟练就越发看不到儿童了。换言说,常规套路有可能遮掩自己所追求的教育理想和眼前儿童之间差异的危险。为此,有学者认为是"经验体验化",即行动与结果的好体验,之后容易被自我接受,从而阻碍教师的成长。另外,家校合作的研究积累了知识、解决了问题,其与经验是构成增大知识量、丰富知识结构的必要条件。可见,不仅是知识的习得,还要将体验转化为经验加以积累并结构化,这对于教师成长是多么重要!

如此,应将"培养阶段场域"的、基于"反省自身经验的视角"及其方法的学习,作为接续"新入职阶段场域"的内课程内容而进行改革。

在"培养阶段场域"学习,是任何地方任何学校都通用的通识性理论学习,而在"新入职阶段场域"的学习,是将实践性知识作为那个地区那个学校的实践性知识的学习。教师培养的重点在于学生一方,因此"培养阶段场域"的课程学习应该有意识地与"新入职阶段场域"的实践相链接,积极开发课程内容和评价方法。为此,也应该明确从整体理论到具体理论的结构性改革过程中的、包含着心理层面学习的必要性。

第四节　今后教师专业发展的问题点

东京学艺大学　岩田康之

此次共同研究,做了三个视角的调查:志愿于教师事业的、在有教师培养课程学习的本科生、新入职教师和小学校长。围绕年轻教师的素质能力,本研究有了一定意义的结果和论点,其对今后的制度发展有什么启示呢?

一、研究回顾

(一)研究方法和视角

以往在研究日本教育政策中关于教师素质能力时，多是缺乏客观数据的观念性、印象性的论述，或者是基于特定人群的(志愿于教师事业的学生)单方数据的论述，因而不具备向外的说服力。日本或者说东亚地区教师素质能力的研究，往往缺乏数字化支撑，且由于数值与当事者之间的距离过大，以至于此类政策性研究陷入空论的境地。

为此，此次共同研究围绕着教师的素质能力，以当事者的感受为依据编写调查内容，通过问卷调查进行全面性研究，一定程度上取得了可视化成果。这个"可视化"研究的特点是，从学习者(作为教师培养一方)的视角开展，因为近年的"大学改革""教师教育改革"等主题的研究，多被大学、教育委员会(培养、录用和进修教师一方)所局限。但每当我们想到"教师培养到底是为谁"这一点就会意识到，应该着眼学习者一方。这种基于"学习者"视角的培养课程的研究，不夸张地说，是教师培养改革的核心点。

教师培养的改革到底是为什么？其答案之意就是"为了儿童"，即为了下一代的学习而完善学习和教育环境，培养与其相适应的教师。为此，先要提供能够培养成为那种教师的、丰富的学习场域。这正是本研究的立足点和意义所在。基于这样的认识，本研究特设小学校长的环节。作为教育一线的实际管理者，他们对于刚刚毕业不久的新入职教师的期待是什么……这个环节和过程使得本研究具有了一定的量性兼质性的成果。

(二)"当事者"的特征和局限

如前所述，大学生和新入职教师所选择的教师素质能力的项目内容，在最高数值群有共识的倾向，由此看出本研究中当事者的特征体现在如下两点：①培养课程评价高与素质能力达成度评价有关联；②课程评价的重点与教育实践的具体问题相近。极端地说，近年通过教师培养成为小学教师的年轻人普遍认为,有着丰富教育一线经验的大学教师所开设的具有实践性、体验性内容的课程是"有效的",评价高,且对基于这种课程的学习通过经验转化为作为教师的素质能力的达成度,评价也高。

在这种情况下,对小学校长的调查结果就显得非常重要、不可小觑。如前问卷调查所示,小学校长对年轻老师的"联络与合作能力""课堂评价能力"和"学习指导能力"的需要度,要低于其他项目内容(参考表9);又在开放题中表示,"应重视教育哲学""在培养阶段要特别锻炼人格等重要的东西";进而访谈中的声音多偏向于"专业理想""自我提高能力"方面。综合以上意见,小学校长对年轻老师最大的希望在于"在大学多学习有关专业理想的理论和基础知识,以便今后能够自我提升。这一点与前述教师素质能力培养场域的章节中的、校长们意见基本一致。

但是以上结果也有一定的局限性。例如,学生认为自己已经掌握了的课程内容,但实际上还应该通过客观数据加以验证;又如校长们的判断尺度与20多岁的年轻人的自我认知之间也有距离,因此作为补充调查又加了小学校长的访谈环节。但是访谈人数较少,且校长们的意见多居于自身学校的感受,并非是针对小学教师整体的。

二、遗留问题

(一)跟上小学教师培养"结构变革"的趋势

世纪交际之际,小泉纯一郎内阁实施"限制缓和"政策,培养小学教师的院校、特别是私立大学骤然增加,除去文学部(教育院系)、家政学部(儿童学科)等传统教育专业,福祉学部开设了儿童福祉相关的科目,或者体育学部、社会学部也开设教育学科,小学教师培养事业出现了丰富多彩的现象。由此,小学教师的培养机构、培养课程以及学生的志向等也体现出多样化。

(二)面对"教师素质能力论"的整体发展

众所周知,日本小学均为全科教师,中学、高中的教师培养在组织机构、培养课程等方面都与小学教师大不相同。针对小学教师培养重视专业理想，执行国定培养课程，中学、高中的情况有所不同，首先是培养学校数量多，不仅有国立师范大学，还有公立、私立综合大学中各种学科教学的院系、单科教学等，由此，设定一个培养中学教师的通识性课题，非常之难。

尽管如此，本研究并未将"大学场域教师培养"中的小学教师培养区别开来。如前所述，教师志愿的学生或者新入职老师，缺乏丰富的大学课程，这一基础的欠缺暴露了大学培养的迫切危机。因此，"大学场域教师培养"的整体像，应该成为今后研究的一种方向。

三、今后的研究方向

(一)培养机构方面的问题

如前所述，对于大学培养课程的意见呈现出多视角多样化的现象。例如，教师志愿的学生和新入职教师的绝大多数都努力于"实践性"的环节，而小学校长对年轻老师的希望在于，与今后自身发展紧密相关的基本理念、基本知识的学习。如果基于学生和新入职教师的需求，减少培养课程中评价数值较低的教养、理论等"专业理想"的科目，那同时就与校长们(至少是此次调查结果)的需求相悖，或者兼顾双方的需求整合课程内容，但大学培养毕竟时间有限，终究望尘莫及。

果真如此，那么培养教师的院校一方的改进应该集中在以下两点：①立足本校的理念，精选培养课程；②明确培养课程的核心，还要更多依赖隐性课程。

关于第一个问题，第三节"培养场域"的研究所示，在校学生、新入职教师和小学校长的选项中，特别是关于"入职后"，普遍反映大学阶段的培养课程未能适应一线需求。因此，希望各大学开始"重视大学培养课程"的举措，在课程设置上尤其关注教师的素质能力，同时将大学以外的"场域"也积极编入课程。换言之，克服大学内外"各自为战""画地为牢"的弊病，以"教师素质能力论"整体像的视角来完成大学培养的使命。

(二)小学教师需要什么——"预定调和论"①再探讨

关于第二个问题,大学主动参与的必要性就低多了。因为隐性课程的意义在于,它存在于培养机构主体性的计划和参与之外。对于这一点,大学应采取的做法是,为学生主体性学习创造环境,同时吸收自发努力的年轻人,创造课程支援的系统。

为了提升教师的素质能力,各培养大学应走出将规定课程一一对应、包罗万象的思路。因为这种课程虽然在设计原理上包含了培养"实战力"的意图,但其并未能让学生有对应时代变迁而自我提升的能力。

早在 20 世纪 70 年代,就有学者对教师培养的"预定调和论""各自为战无责任论"进行批判,指出大学的定位并非教师培养整体,重要的是将"幼儿园教育、小学教育、特殊教育"作为特定的"领域"加以研究。当前,接受国家认定课程培养小学教师的各大学,在各自的培养课程中均被要求明确指向特定培养方向的"领域"。这从某种意义上可以说是"预定调和"得到相当改善。

今后的小学教师,应是完成了"预定调和"的、能够适应时代变迁而自我提高的、具备胜任力的一代年轻教师。这正是本书的重要定位。

---

① "预定调和论":学者横须贺薰于 20 世纪 70 年代指出:"只要教给学生了,过后学生会自我消化、内部调和,最终具备作为教师的能力。"

结　语

　　本书从教育学和历史学的角度，对日本教师专业化历程做了四个阶段的划分和定性。其中，二战前的"忠孝型"和二战后初期"技能型"教师形象的定论，主要来自日本学者的判断，他们对其二战前师范教育的准确定性和深刻批判，体现了作为良知学者的政治觉悟和学术水平。20世纪末的"实践型"和21世纪以来的"专业型"教师形象的定性，是笔者10年研究的结果呈现。定性之时，笔者通读了中教审、临教审等日本政府层面几乎所有关于教师教育的重要文献，并参考了东京学艺大学、创价大学等实践案例。

　　从整体来看以上四个阶段的划分，二战前的"忠孝型"最为明了、最好理解，而二战后的"技能型""实践型"和"专业型"三个阶段，似乎不容易清楚划界。从教育教学的角度看，这三个阶段绝非泾渭分明、各自为营，而是你中有我、我中有你，相互包含、共存发展的。先看"技能型"和"实践型"，前者主要是对质二战前只强调思想灌输、为军国主义服务而忽视教学方法的师范教育，提倡转向教学技能的培养，亟待解决的是中小学教师能教课的问题，因此这个技能仅限于教学方法，为的是让学生尽快接受民主主义思想和学习先进的科学知识，是操作层面的"技能"。后者则在其基础上，从课堂教学到理解学生、班级管理、指导学生以及家校合作等多方面，提倡全面培养作为教师的实践能力。因为20世纪80年代以后,日新月异的科学技术加大了学校教育的知识量,而复杂喧闹的社会环境给了青少年极大的负面影响,因此只专注课堂教学的"技能"远远不能满足学校教育和学生发展的需求,中小学教师要超越课堂教学,关注学生的思想动态,走进学生内心深处,这种全方位的教育教学能力成为"实践型"教师的核心标准。前者的理念依据是教学论,后者是教育学。

再看"实践型"与"专业型",二者并无本质区别,在教育一线更是互为条件的。高科技、信息化背景下的现代课堂教学,在专业层面要求教师对现代知识的整体内涵能做专业解读,在实践层面能将具体的知识点深入浅出地传教给学生,作为教师的专业性和实践性相辅相成、共同发力。将第四阶段定性为"专业型",主要原因是:政策上有日本政府对于培养"作为教师的最低限度的素质能力"的导向;理论上有日本学界通过"小学教师专业素养"的研究,明确了小学教师的素质结构和专业内涵;行动上有教师研究生院的创建。教师研究生院虽然也以培养实践型中小学教师为目标,但其站位更高,是基于在职教师已有的教育学理论之上的实践。它比起包含本科、研究生整体培养课程的第三阶段的"实践型",研究性更强。笔者在序言中已有说明,日本于20世纪90年代基本实现了高等教育大众化,大学课程成为其基础教育的最后阶段,研究生教育才是真正的"研究阶段"的启动。从这个意义上讲,教师研究生院是打造"专业型"教师形象的一大通途,其理论依据是教师专业发展理论。

总体来看,二战后日本的师范教育在其教育改革整体大背景下,从"忠孝型"转向"技能型",走上了正常的师范教育之路,为其日后的经济发展培养了大量人才。据统计,日本于20世纪60年代开始高中普及率得到了很大提高,1965年为70.6%、1970年为72%、1973年为89.4%。[①]这一数字表明,日本学

① ［日］宫原诚一他.资料·日本现代教育史·3［M］.东京:三省堂,1973,6.

校教育的规模和普及率得到了空前提高，为其 90 年代的高等教育大众化打下了基础。在此过程中，其师范教育所做的贡献是不言而喻的。虽然在日本经济腾飞期，中小学教师的职业理想、社会地位遭到了一定的冲击，但政府及时调整政策，通过保障教师权益、提高教师待遇等措施，稳定了中小学教师队伍，也保证了其基础教育的发展。

20 世纪 80 年代，特别是 21 世纪以来，随着全球化、信息化、科技化进展和国际教师教育改革的动向，日本政府始终关注着其教师教育的状态，中教审连续发布答询报告，明确日本教师教育的现存问题、解决对策和发展趋势，对于培养"适应 21 世纪发展"的、"国际社会中的日本人"起到了导向作用，"实践型"和"专业型"成为教师教育的关键词。

另外，从家长的角度考虑，国民整体受教育程度的提升，对于实现家校合作给予了很大保障的①同时，对于中小学教师的专业能力提出了更高的要求，"联络与合作能力"成为小学教师专业素养的重要内涵，背后就有这样的背景。

人类社会进入 21 世纪已过去五分之一，针对在国家管理下，为适应以经济发展为目标的近现代学校教育，"21 世纪的学校是由'教育家'的教师与社区联手，为了学生而开设的。这样的学校以学习为中心，将在共同体的基础上，开展多文化交流并为了未来社会逐步发展成为社区的文化和教育的中心"②。这是对今后学校的一种期待，这种期待能否成为现实，取决于教师能否成为具备高度专业素养的"教育家"。从这个意义上讲，教师专业化、教师专业发展是一个长期的课题，是国际教师教育改革整体发展的问题。

---

① 夏鹏翔.家长的教育谁来做[R].光明日报,2017 年 8 月 17 日。
② ［日］佐藤学.教育の方法［M］.東京:左右社,2014,184.

1. 日本教师专业化的历程及启示①

夏鹏翔

摘 要：日本的教师教育始于明治维新，之后经过 130 余年的历史变迁，其教师教育的发展速度和质量提升令人瞩目。二战前，中小学教师的学历为中等师范水平，二战后升格为大学本科，进入 21 世纪以来又出现了本升硕的动向。这一系列现象表明，日本始终坚持教育推动国家发展这一理念，其中小学教师新一轮的学历提升为正在普及本科学历的我国的小学教师教育展示出新的发展方向。

关键词：教师专业化；教师教育；中小学教师；教师研究生院；本升硕

教师专业化是当前教师教育的核心概念。20 世纪 60 年代以来，作为一种新生的理念，教师专业化明确了教师教育要推进教师的职业发展和专业化这一主要目标。这种理论的提倡和普及，促使各国建立了教师教育的新制度，

---

① 原载：日本学刊[J].2009(4)，121~132.

其中最具代表性的事例就是美国于 20 世纪 90 年代建立的教师专业发展学校（Professional Development School）。教师专业发展学校是大学教育学院与中小学联手开办的教师培训学校，通过大学与中小学建立联系，一方面将理论问题带到教育现场，解决以往大学的研究脱离教育实际、闭门造车的弊病，另一方面中小学教师在教育教学中遇到问题，可以直接与教育专家展开讨论，联手攻关。教师专业发展学校问世 20 余年以来，在世界各国产生了广泛的影响，日本于 2008 年 4 月创建的教师研究生院可以说是这种学校的翻版。这些举动表明，教师专业化是现代教育发展的历史要求和重要标志，提高教师专业化水平是当前世界各国教师教育的共同目标。

一、教师专业化的提起

教师职业作为人类社会最为古老、最为重要的职业之一，经历了从兼职到专职、从专门到专业的漫长发展过程。从 17 世纪末法国"基督教兄弟会"开办世界上第一所师资培训学校以后，教师专业化、或者说教师的专业发展始终是教师教育领域的一大研究课题。

所谓专业化是指一个普通职业在一定时期内逐步形成本职业的专业标准，并在社会上获得专业认可的过程。它要求这一职业对社会具有不可或缺的功能，要求从业人员掌握专业的知识和技能，从而能够保持并发展这一专业地位。而教师专业化是指教师职业不断成熟、逐渐达到专业标准，并获得相应专业地位的过程。它包括：①教育知识技能的体系化，形成专门的任职标准；②国家有教师教育的专门机构、设施和教育课程；③国家有对教师资格认定的制度和管理机构；④有社会公认的教师专业团体。[①]这里可以看出教师专业化是社会学的概念，它代表着教师群体的专业地位。本文将要涉及的是第二点，也就是培养机构和设施的问题。

---

① 全国十二所重点师范大学联合编写.教育学基础[M].教育科学出版社,2008,125.

20 世纪 60 年代以后,技术革新与经济发展对学校教育和人才培养提出了新的要求,教师教育面临着巨大压力,那就是如何提高教师职业的专业性,培养适应新技术的人才,发挥教育对社会发展的促进功能。在这种情况下,有关教师教育、教师专业化的理论和建议相继出台。

首先是 1963 年,《世界教育年鉴》以"教师与教师培训"为主题,提倡教师专业化,随后 1966 年,联合国教科文组织(UNESCO)与国际劳工组织(ILO)联合发表《关于教师地位的建议》,提出应该把教师职业作为专门职业对待。1973 年,英国学者詹姆斯·波特提出了三段式教师教育的设想,即普通高等教育阶段、教育专业阶段(包括教育理论的课程和下到中小学实习)和在职进修阶段。这一理论打破了以往限于职前的师范教育,开拓出重视在职中小学教师职后进修的教师教育的新视角。结合同时期兴起的继续教育、终身教育理论,各国掀起了加大中小学教师在职培训的高潮。例如,英国中小学教师工作七年可以有一年的带薪休假进修;法国小学教师工作第五年起至退休前五年止,有累计一学年的带薪继续教育;美国各州则开办了修学课程、讲习班、研讨会等进修形式以及前述教师专业发展学校。

20 世纪 80 年代以后,世界范围内的经济竞争、科技竞争不断加剧,各国普遍认识到教育是社会发展、增强国力的根基,教育改革的成败在于教师的素养。特别是美国政府针对长期以来中小学教师教学水平偏低,公众对教师质量忧心、质疑的现象,掀起了一场提高教师素质,促进教师专业发展的教育改革。1983 年,美国"高质量教育委员会"发表《国家在危急中:教育改革势在必行》;1986 年,霍姆斯小组和卡内基工作小组分别发表《明天的教师》和《国家为培养 21 世纪的教师做准备》;1989 年,复兴小组发表《新世纪的教师》;1990、1995 两年,霍姆斯小组连续发表了《明日之学校》和《明日之教育学院》。[①]以上一系列报告引起了国际社会对教师资质、教师专业标准的极大重

---

① 转引自教育部师范司.教师专业化的理论与实践[M].人民教育出版社,2003,23~24.

视,教师专业化成为教师教育的核心概念。目前各国的教师教育均以树立教师专业理想,提高教师专业技能,磨炼教师专业能力为重心,着力于教师素质的提升,以提高教师的社会地位和专业地位,日本也不例外。

二、战前、战后教师专业的定位

确切地说,日本的教师教育从一开始就具有很明显的专业性。二战前,日本效仿德、法等国师范教育的模式,建立专门的师范学校,实行封闭型师范教育。从教育理念和教育内容上看,它轻视作为教师应具备的学识、学问,而一味强调"顺良、信爱、威重"这一教师职业道德,以培养对国家效忠、对天皇忠诚的所谓公仆型教师。毫无疑问,这种基于国家主义、军国主义的教师的专业性是反动的,是违背教师教育宗旨的。

战后,日本通过一系列的改革开始反省战前的教育,教师教育也着眼于美国的培养模式。《新制国立大学实施纲要》(1948年)、《国立学校设置法》(1949年)以及《教师资格证书法》(1949年)先后公布,日本开始了开放型教师教育的历程。

所谓开放型教师教育是针对以往封闭型教师教育而言。封闭型指在专门培养教师的学校,如师专、师范大学等院校培养教师;开放型指主要在综合大学教育系培养教师。另外,普通大学毕业生如果修完教育类课程,向地方教育行政部门提出申请,并通过必要的考核和认定,也可以获取教师资格证书。开放型教师教育在很大程度上应对了当时由于4—3—3制的实施而带来的中小学教师的短缺问题,但从根本上说应该是战后民主主义教育改革的成果。它打碎了战前由少数人把持的教育的枷锁,改写了忠于国家的教师的道德内涵,重视培育有自由人格的、有学术知识的技能型教师。学艺大学的"学艺"二字所强调的就是"自由人格"和"学术知识"。①因而,战后日本培养中

① 山住正己.日本教育小史[M].东京:岩波书店,1987,225.

小学教师的大学叫作学艺大学，它没有使用普通意义上的教育大学这个名称，更有摒弃、超越战前师范学校的意义在其中。

战后日本的教师教育重视作为教师的一般教养和专业技能，将课程分为一般教养（社会、人文、自然三大领域）、学科教法（语文、数学、外语等各学科）和教职专业（专业理想、学生指导、毕业论文等）三大部分，注重从教育理论、学科知识和教师专业的层面提升作为未来教师的素养，以培养适应战后发展的、具有新时代使命感的中小学教师。

然而开放型教师教育经过一个时期的实践也暴露出一些弊病。第一是设施设备的问题。新制大学诞生后，虽然战前的师范学校升格成为四年制本科大学，但实际上作为大学的研究条件、设施设备极其恶劣，有些地方甚至利用中学校舍、部队旧址等，根本称不上是本科大学的设施水平。第二是专任教师的短缺。据记载 1949 年度申请到新制大学任教的战前师范学校教员中，只有 57%的人员通过了任职审查，[①]这样的人员配备对教师教育的质量产生了负面影响。第三是对于战前的师范教育矫枉过正，重视一般教养和学术知识而忽视了作为教师的专业性及专门训练，再加上第二个原因所述专业教师的缺乏，致使新任教师缺乏必要的专业能力，更谈不上专业理想。第四是教师资格证书滥发现象严重，大批综合大学或设有教师教育课程的大学毕业生虽然获得资格证书却没有到中小学工作，使得证书的价值下降，教师的数量供大于求，质量上也出现了流于一般职业化的倾向。

为了解决上述问题，日本政府采取积极对策，从 20 世纪 50 年代开始陆续出台了有关教师教育的改革政策。1953、1954 两年，《教师资格证书法》连续修改，规定了一般大学毕业生考取教师资格证书时需通过文部大臣审定的课程，增加教师资格证书所需学分等事项。1958 年中央教育审议会（通称中教审）发表题为《关于教师教育制度的改革》的答询报告，强调了教师的专业

---

① 大田尧.战后日本教育史[M].东京:岩波书店,1980,160.

性,提出了为确保教师质量的课程方案、资格证书以及在岗培训等改革设想。然而这些设想停留在政策文献中,在实际的教育事业中并未得以实现,而真正拿出教师教育改革的具体措施并付诸实施是在 20 世纪 70 年代以后。

三、20世纪70年代教师专业化的新尝试

日本经济从上 20 世纪 50 年代后期开始全面恢复,经过 60 年代的腾飞期,到了 70 年代取得了举世瞩目的增长。这一方面代表日本成为经济大国,另一方面对教育也提出了新的要求,那就是要培养适应经济发展的、具有创新能力的接班人,而要完成这一使命,很大程度上取决于关系着青少年成长的中小学教师。为此,20 世纪 70 年代以来日本政府采取了一系列相应的举措,从教师的待遇、培训等方面着手加强教师教育,努力提高教师的素养和能力。

1971 年,中教审发表题为《关于全面扩充和改善学校教育的基本政策》的答询报告,就中小学的教师教育提出了提高中小学教师工资、实行新任教师实习(1 年)制度、为在职教师开设 2 年制研究生院等改革措施。

1974 年,《关于为提高学校教育水准确保义务教育诸学校教师人才的特别措施法》(通称《人才确保法》)制定公布,该法从法律上保证义务教育诸学校教师的待遇,以确保优秀人才从事教育工作。这一举动立刻改变了 20 世纪 60 年代出现的中小学教师工作繁重而工资低、师范生生源不足的状况,提高了中小学教师的社会地位和工资水平。这是从待遇方面实现上述 1971 年中教审报告宗旨的举措。

另一重要举措就是开设为在职教师进修培训的 2 年制研究生院。1972 年,文部省接受教师教育审议会关于开设为提高在职教师素质能力的研究生院和培养具有综合素质的中小学教师这一"新构想教育大学"①的提议,成立

---

① 文部省.学制 120 年史[M].東京:ぎょうせい,1993,370.

"新构想教育大学调研会"进行了一系列的研讨活动。经过几年的调研和论证，1978 年兵库教育大学和上越教育大学、1981 年鸣门教育大学相继成立。

新构想教育大学是日本中小学教师进修的重要机关。它以研究生院为主体，主要招收具有三年教龄以上的在职教师，开展与一线教育教学相关的研究活动，类似于我们所提倡的骨干教师的培训。不同的是，学员通过这里的进修可获得学科方向的硕士学位。它同时设有培养小学教师的本科，培养具有教师理想和实践能力的本科学历的教师。

新构想教育大学成立后曾被指出是"战前高等师范学校"的再现，意为又像战前一样由专门的师范院校培养中小学教师，返回了封闭型的培养模式。然而事实并非如此，新构想教育大学是为了克服开放型培养模式的缺欠，例如前述作为教师的专业理想不够明确、专业能力不够充实等，而并未放弃这种模式。它在坚持开放型培养模式的同时，重视在职教师的再教育，以教师的实际工作为出发点，通过学习和研究进行理论提升，再回到教育教学第一线。这种理论与实践相结合的研修方式，与 20 世纪 60 年代以来兴起的教师专业化理论密切相关，它既是回归教师专业化的一种体现，也是新时期教师专业化的需要。但由于当时这种教师专业化的理论还处于探索阶段，再加上新构想教育大学的数量过少，因而它虽然为日本教师教育制度的改革做出了示范，但是并没有形成一定的影响，也没有达到预期的效果。

四、20 世纪末教育改革与教师专业化的政策保障

20 世纪末，随着社会的发展和需要，日本进行了又一次大规模的教育改革。临时教育审议会（通称临教审）接受中曾根首相"关于为实现适应社会变化和文化发展的教育，开展各种政策改革的基本方针"的咨询，于 1984 至 1987 年之间连续四次发表《关于教育改革》的答询报告，提出了面向国际化、培养创新型人才以及向终身教育转型等改革措施。在此基础上，1987 年，日本教师教育审议会发表答询报告《关于提高教师素质能力的方针政策》，提

出了加强教师的专业性、实施新任教师为期一年的研修制度和充实在职教师的研修体系等改革方案。这些举措为新一轮的教师教育改革提供了理论和政策方面的保障。

1996年，日本教师教育审议会接受文部大臣有关"新时期教师教育的问题"的咨询，自1997年起开始探究和研讨，并连续三年发表了对新时期教师教育起着指导性作用的答询报告。

第一次答询报告《关于面向新时期的教师教育的改革策略》（1997年7月）主要就教师教育的课程进行了探讨，指出要充实有关学生指导、学生进路指导的课程，延长教育实习以及增加教职科目等。第二次答询报告《关于充分活用硕士课程的教师教育》（1998年10月）主要关心在职教师的再教育问题，提到要为在职教师通过各种形式的进修接受研究生教育而完善各种条件。第三次答询报告《关于教师培养、录用、研修的一体化》（1999年12月）则提出为促进教师的录用和研修，加强职前职后一体化的教师教育制度。其中特别强调研究生院的在职教师培训要改变以往的"派遣型"，向"个人需要、自发型"发展，包括录用合格的教师，鼓励教师进修，完善新任教师研修制度以及体验教育现场等具体事项。

以上一系列有关教师教育的改革建议和措施反映出20世纪末国际教育改革的整体趋势，同时更是日本中小学教育对社会发展、青少年成长所表现出的担忧，对新时代教师的迫切期望。众所周知，20世纪80年代以来，日本中小学教育暴露出了种种问题，如学生逃学、欺侮弱小、自残自杀、校内暴力、班级崩溃，等等。这些问题虽然不全是新问题，但从数量和程度上看，它超过了以往任何一个时期，形成了令人担忧的社会问题。为此，日本政府开展调查，研究对策，认为学生学业过重，精神上过度紧张是以上问题发生的主要原因，因而采取了改革中小学课程标准，减轻学生学业负担等改革措施。1998年，新一轮《学习指导要领》制定公布，该要领明确了宽松教育、心灵教育、降低学习难度、开设综合学习课程和培养学生自主学习能力等新的教育观。

面对这样的变革,教师教育也做出了相应的改进。1998 年,《教师资格证书法》修改公布(以下简称新《教师资格证书法》),提出要"转变教师标准的观念",改变以往开设同样课程,进行统一教育的"理想主义教师",而培养面向 21 世纪的、具有个性和特长的"实用主义教师"。毋庸置疑,这是一次面向未来、与时俱进的重大改革。

为此,大学师资培养课程发生了明显的变化,学生指导、教育实习等教育理论课程的学分明显增多,教师资格证书所需学分的分配也发生了变化。如本科毕业生若取得一类资格证书所需学分在新《教师资格证书法》公布前为:小学教师 59 学分,其中学科课程 18 学分,教职课程 41 学分;初中教师 59 学分,其中学科课程 40 学分,教职课程 19 学分。新《教师资格证书法》公布后:小学教师 59 学分,其中学科课程 8 学分,教职课程 41 学分,学科或教职课程 10 学分;初中教师 59 学分,其中学科课程 20 学分,教职课程 31 学分,学科或教职课程 8 学分。

不难看出,以上新增或充实的课程和学分无一不是与教职相关的课程,特别是学分的比例变化极其突出,学科课程大幅度减少,教职课程明显增多,体现出新时期教师教育的重点,那就是教师不仅是知识的传授者,更重要的是思想的启迪者,信念、意志的塑造者。中小学的教师教育要明确的是,越是低年级就越需要教职方面的知识和素养,中小学教育现场要充分体现关怀、欣赏和鼓励,中小学教师在传授知识的同时,要学会与学生沟通,把握教育管理的策略,进而成为不断学习、自觉更新的反思型教师。

五、市升硕促进教师专业化

如前所述,日本于 20 世纪 70 至 80 年代设置的新设想教育大学设有本科和硕士两个层次,其中硕士课程主要面向在职教师,是为中小学教师的在职进修和学历提升而开设的硕士研究生教育课程。虽然在当时没有形成太大的影响,但它开启了中小学教师本升硕的先河。20世纪末的教师教育改革重提硕士课程的重要性,强调要关心在职教师的再教育,完善在职教师研究生水平的进修制度,这使得中小学教师新一轮的学历提升——本升硕成为教师专业发展的新标准之一。在这种背景下,除去已经开设的新构想教育大学扩大招生、加强研究生教育以外,六年一贯制培养课程、一年制硕士课程等新的动向相继出现。

本硕连读的六年一贯制教师教育课程是上越教育大学于1998年提出的促进师资培养的课程设想。该设想面向21世纪,面向国际社会,提倡具有国际视野和专业能力的合格教师,提倡实践研究中心的培养课程。课程分为教育、学科和管理等,主要采取利用附属中小学开展临床教学的形式,以培养有临场指导能力的教师。目前,该大学的研究生课堂多采取在职研究生与本科直升研究生联合上课的形式,将教育现场的问题拿到课堂上开展讨论。这种形式使得在职研究生的丰富经验得以很好展示,本科直升研究生也可从中受到启发,从而坚定从教的志愿。

一年制硕士课程由日本培养中小学教师的著名学府东京学艺大学于2001年开设。该课程面向在职中小学教师,设有国语、数学、特殊教育等各学科和学生指导等科目,可利用晚间或寒暑假完成学业。学分要求上改变以往硕士课程30学分的规定,根据学生的教龄加以调整,教学一线所开展的教学研究也可算作学分,硕士论文可用课题研究来替代。这种根据实际活用硕士课程的培养方法不仅极大地方便了在职教师,还使一线教学与理论学习很好结合在一起,为教师的专业成长提供了平台。

2006年,中教审发表答询报告《今后的教师教育和教师资格证书制度》,提出了建立“教师研究生院”制度的设想。报告书强调:“当今社会飞速发展,各个专业领域要求具有研究生毕业程度的、具备高水平专业能力的人才。为培养具有这种专业能力的教师,做出教师教育课程改革的样板,有必要建立研究生水平的专门的教师研究生院——'教师研究生院'制度。"①

　　教师研究生院学制 2 年,专门接收在职中小学教师,为培养具有实践能力的一线教师以及骨干教师,以案例教学、行动研究以及微格教学为主要形式,形成理论与实践相结合的课程体系。为此规定教师研究生院的教员中具有教育实践经验的教师须占 4 成以上,各大学附属中小学也要配合研究生院的课程。所需学分共 45 学分以上,其中教育实习占 10 学分,在此完成学业可获得硕士学位。

　　在教师研究生院制度设想公布后的第三年,也就是 2008 年,兵库教育大学、上越教育大学、鸣门教育大学以及东京学艺大学等师范大学已经获得开设教师研究生院的许可,于 4 月份开始招收学生,日本的中小学教师迎来了本升硕的时代。

　　东京学艺大学教师研究生院于 2008 年 4 月开始招收首批学生。该研究生院的培养目标体现在:"培养能够适应社会的变化,解决学校教育现阶段所持有的种种问题,具有高度专业水准和丰富人性的教师。"②

　　教育课程分为四大类。它们是,通识必修课 20 学分,包括课程开发、课堂教学、学校管理、学生指导、社校结合、教师资格等课程;选修课 10 学分,包括应对教育的现实需要、耕耘学生心灵的教育、通过评价提高课堂教学、教育网的创建等课程;课题研究(必修)6 学分以及实践课(必修)10 学分,共46 学分。

　　教学形式上采用校内外联合研究小组开展课题的发现、开发、运用以及评价这种连贯的研究形式,教学方法上大胆引入实地考察、角色体验、实例研究、专业指导等有效途径指导学生的学习,并安排能够与一线骨干教师共同学习和研究的机会。这些规定体现了教师研究生院的特点,那就是理论结合

---

①　中教审答申.今後の教員養成・免許制度のあり方について[R].文部科学広報,2006.
②　東京学芸大学.2008 年度教職大学院募集要項[R].2008.

实际,突出教育现场,重视专业能力。它不是本科课程的简单重复,更不是单纯的学历提升,而是在本科的基础上寻找生长点,特别是活用在职研究生活生生的经验,使得以往与中小学教育脱节的课堂变得充实而实际。

当然,这一制度才刚刚起步,其指导方针、实施效果等均处于发展中状态。我们应在期待的同时,关注在这过程中将会发生的问题。例如,由于是刚刚起步的新生事物,获得开办教师研究生院的 19 所(其中国立大学 15 所、私立大学 4 所)大学的招生规模不是很大。根据日本文部省高等教育局的统计,2008 年度 19 所大学总计招收 706 人,其中兵库教育大学招收 100 名最多,群马教育大学招收 16 人最少,而东京学艺大学共招收 30 名学员。^① 另外,就东京学艺大学教师教育课程研究中心岩田康之教授提供的信息,该大学现有本科生一年级学生 1065 人,研究生院硕士课程学生 279 人,^② 比起这两个数字,30 人的名额是微不足道的。2010 年,以上 706 名学员将毕业重返教育现场,他们在教育一线所发挥的作用如何? 这样的办学规模能否将创建教师研究生院的初衷变为现实? 教师专业化理论是否得到很好的验证? 教师教育还会出现怎样的需求和动向等问题,将会陆续给出答案。

六、教师专业化是教师教育的发展趋势

如前所述,日本的教师专业化经历了曲折、反复甚至迷茫的历程,每个历史阶段均反映出不同的专业特点。战前由于军国主义、国家主义思想的干扰,日本教师的专业定位体现出非常明确的军国主义和国家主义色彩,以至于有日本学者书说:"师范教育是军国主义化的一大要素。"^③二战后,汲取美国式教育理念和模式,日本采取了开放型教师教育,但正如前文所言,开放型教师

---

① http://www.mext.go.jp/a_menu/koutou/kyoushoku/08082604.htm,2009 年 5 月 20 日访问。
② 两个数字是笔者与东京学艺大学教师教育课程研究中心岩田康之教授在 2009 年 5 月 26 日的邮件交流中所得。
③ 堀尾辉久.天皇制国家と教育——近代日本教育思想史研究[M].东京:青木书店,1998,315.

教育忽略了教师的专业理想和专业能力，对当时的学校教育产生了负面影响。20世纪70年代以后，随着教师专业化理论的提倡，日本以新设想教育大学的形式强化中小学教师的职后培训，开启了中小学教师本升硕的先河。世纪交接之际，日本又先后开启了六年一贯制课程、一年制硕士课程等新的尝试。特别是2008年4月实施的教师研究生院制度为在职中小学教师开拓终身学习的专门路径，铺垫了继续学习的广阔平台，使得他们提高专业能力和增强专业素养成为可能。

从日本教师专业化的路程可以看出，教师专业化是教师教育永久的、核心的课题，更是今后教师教育的发展趋势。以往教师职业那种极端的、片面的专业定位是教师专业化进程中必经的阶段。如前述开放型教师教育是为了转变战前中小学教师只会"爱国"、不善于教书的弊病；新设想教育大学的目标在于克服开放型教师教育的缺欠，从教师的实际入手，提高中小学教师的教学能力；而教师研究生院更是在此基础上，力图培养能够适应社会变化、解决教育现场的问题、具有专业水准和丰富人性的教师。这一变化过程反映出教师专业化的内涵不断丰富，教师专业化的必要性也日益突出。今日的教师专业化不仅要求教师要会教书、教好书，更要求教师要树立专业理想，提升教师修养，增长理论水平，磨炼研究能力。如此，教师的专业定位越发明朗化，这是终身教育理论在教师教育领域的具体实践，也是教师专业化理论不断更新的体现。关注和探讨教师专业化可以说是国际性教师教育的共同需要，而对于20年前刚刚开始本科学历小学教师教育的我国来说更是非常必要的。

2.日本小学德育的历史发展与实施特点①

——基于今日日本政局的审视

夏鹏翔　刘慧

摘　要:日本学校德育深受国家政治影响。二战前,小学修身课承担了国家主义、军国主义教育的任务;二战后,民主主义改革给小学德育带来了新的理念和效果。但日本国内右翼思潮始终企图干预学校德育,特别是近来中小学德育学科化动向反映了当前日本国内政治走向,令人深思。另外,全校德育是日本小学德育实施的最大特点,二战前后都有显著体现。这种实施方法能够很好地服务于德育目标,但是具有双面的特性。二战前,全校德育服从于国家政治,培养愚忠的臣民,发挥了负面的作用;二战后,致力于人的培养,指引学生的道德发展,体现了其积极的一面。但是德育学科化之后的全校德育,将会走向何处? 这是非常值得我们关注的。

关键词:日本小学德育;道德活动;德育学科化;全校德育

教育的问题从来都不是孤立的,它与社会政治、经济相容一体。日本近代以来的学校教育,一直从属于国家,其教育的政治性在学校德育的体现最为突出。从儒家思想核心的德育到国家主义、军国主义的德育,其变化过程就是日本近代立国、发展过程中国家意识和国家发展战略的写照。

由于日本学校德育的这种特殊性,其落实方法和实施特征也有着与众不同的地方。目前,我们大多看到的日本小学德育的实施特点基本集中在贴近生活、情感入手,适应小学儿童的身心发展规律和阶段性等方面,而对于其最为突出的全校德育这一特点的关注远远不够。所谓全校德育,是指各科

---

① 参见夏鹏翔.日本小学教育生态微观察[M].南京师范大学出版社,2017(附录1).

教学超越或者弱化各自的学科目标和内容,集中突出和实现德育目标。这是二战前日本小学的全校德育。二战后的情况是,将德育融于各种课程中,体现了道德教育各要素内在整合性的要求。朱小蔓认为"德育是学校教育的灵魂,它整体性地存在于学校教育中"①。这是对全校德育的最好诠释。应该说,全校德育是一种值得提倡的有效的德育教学方法,但前提是要看清其德育目标是什么。鉴于二战前日本国家主义、军国主义教育的史实和当前德育学科化动向,我们有必要再次从其国内政治走向的角度,重新认识日本小学德育。

一、由臣民教育到国民教育:日本小学德育的"前日"和"昨天"

日本的学校教育,特别是道德教育,无论是目标性质还是内容方法,在二次世界大战前后所呈现出的状况非常特殊,反差很大。从二战前顺从国家意志和助力军国主义的德育,到二战后注重个体发展和培养道德判断的德育,其过程非同一般。

（一）"忠君""爱国"核心的臣民教育:二战前小学修身课的任务

明治初期,日本在赶超西欧的潮流中制定了"富国强兵""殖产兴业"和"文明开化"三大政策。其中,"文明开化"就是引进西方先进的思想、文化和科学技术。由此,日本于 1872 年颁布《学制》,建立了现代学校教育制度,大力普及基础教育。为了尽快赶上西方,增强国力,日本政府推行实科主义,虽然小学课程中设有修身课（相当于我国的德育课）,但知识、技能的学习得到极大重视,昔日提倡和盛行的道德风尚日益淡漠。这种醉心欧美文化,一心关注技能的社会风潮,引起当时元老派和儒家学者的担心和不满,明治天皇也于 1879 年发布《教学圣旨》,明示要在孔子教义为核心的道德基础上学习西方。1879 年政府公布《教育令》,修身课位于学校课程的最后一位;1880 年《修改教育令》公布,规定修身课为学校课程的首位,用以教导学生学习儒家

---

①　周晓静.课程德育论[M].人民教育出版社,2010,301,303.

格言以及善性善意的传统故事。

　　为什么日本政府会如此重视儒家学说呢？主要是因为，日本通过大化改新(645年)学习中国的政治制度、法律以及文化，儒家思想的传播，对于日本改新之后的社会发展起到了引领作用。幕府时代(12—19世纪)开办的藩校(武士学校)和寺子屋(平民学校)等教育机构不仅普及当时生产、经商所需的读写算等知识，也教授中国四书五经、儒家核心思想，"五伦五常"成为当时日本国民的通识。到了明治初期，日本社会稳定、国民文明，以至于欧洲人来到日本，禁不住赞叹日本国民"衣服整洁、环境干净、举止文明，对大自然有爱心，对他人有耐心……"①也就是说，儒家思想的普及为当时日本营造良好社会风气，培养有素质的国民打下了基础。为此，明治初期大兴实科教育，特别是崇拜西方，专心技术的风潮在当时是不受欢迎甚至是遭到批判的，而儒学中心的学校德育才是当时文教政策的主流。从这个意义上可以说，明治初期日本小学德育提倡德性、善心，其目的、性质基本上是符合学校德育的本意的。

　　前述《教学圣旨》由《教学大旨》和《小学条目》两部分组成。《教学大旨》明确指出："我国教育的根本精神是'仁义忠孝'……学校德育以孔子思想为内容……之后才是学习西洋的知识和技术。"《小学条目》则进一步明确在小学阶段将德育的"仁义忠孝"观念传递给学生，并使用备有忠臣、孝子、义士等插图的教材加以引导。1880年，文部省出版《小学修身训》，其开篇便是"天命谓之性、率性谓之道、修道谓之教"和"玉不琢不成器、人不学不知道"等儒家名言，规定学生要熟知背诵。进而1881年，日本政府颁布《小学教则纲领》，重点宣教孝道和忠道，同时教育学生要常念皇室之荣光。②

　　日本在明治维新以后仍坚持推行儒家思想，有着深刻的社会背景和现实

---

① ［美］Edward Sylvester Morse.在日本的每一天［M］.石川欣一译，东京：平凡社，1970.
② 参考［日］海后宗臣，等.近现代日本的教育［M］.东京：东京书籍，1999，56~58.

需求。明治改革消除了幕藩体制，建立了统一的国家，此时国民观念的改变、思想的统一是首当紧要的大事。儒家"忠孝"观念的传播，有利于教育日本民众从孝敬父母上升到忠孝天皇，衷心归顺天皇的统治，实现大统一的国家体制。1890 年政府颁布《教育敕语》，明示修身课的目的在于"修炼孝悌忠信的德性，培养齐心爱国的正义之心"。进而 1891 年，《小学教学大纲》公布实施，规定小学修身课的目的是"遵循'教育敕语'的宗旨，培养儿童的善心，涵养儿童德性，教授道德实践的方法"。由此，修身课作为宣扬国家主义的主课堂成为学校教育的重中之重，在小学课程中占有非常突出的位置。

随着日本实施帝国主义对外扩张政策，小学修身课的目标发生了质的变化，过去的"德性""善心"等关键词变成"忠君爱国"和"皇国思想"。甲午战争、日俄战争前后的修身课教材明显突出了家族国家、忠诚天皇等内容，修身课教材更加强调"忠孝"这一德目，并加入"国旗""大日本帝国"以及"国庆"等内容，进一步灌输国家概念。特别是将以往的"忠君"和"爱国"两个德目合二为一，"忠君爱国"以固定词组的形式成为小学德育的核心德目，使得小学德育在国家主义思潮之后，又成为宣扬日本军国主义的阵地，直至二次大战结束。

如此，日本于二战前开设的小学修身课，从设置意图到课堂实施，其目的、性质所发生的改变深刻地反映了那个阶段的历史画面。如果说明治初年的小学德育为了统一国家而宣扬忠孝思想还具有一定的合理性的话，而强行灌输和教化"忠君爱国"思想，则使得小学德育被绑在了日本军国主义的战车上。教育与国家的牵制关系，学校德育的政治性在这里体现得尤为突出。

（二）以"自由""民主"为主旨的国民教育：二战后小学德育的新理念

二次大战结束伊始，联合国占领军对日本民主主义教育改革的重要一项就是清除国家主义、军国主义教育，开展"民主""自由"的教育活动。1946 年，美国第一次教育使节团①公布调研报告，宣布废除二战前日本中小学的"修身

---

① 二战后，美国政府派遣教育使节团前来日本考察并指导其教育改革，第一次是 1946 年 3 月，第二次是 1950 年 9 月。

科"，包括助长修身课的历史、地理和公民课，新设"社会科"以公民教育的形式培养学生的公民素质、科学意识等作为新时代社会人的公德。1947年，日本颁布《学习指导要领社会科编(试行)》(相当于我国的课标)，将社会课的目的定为"让青少年理解社会生活，并养成致力于社会发展的态度和能力"。为了让青少年能够理解社会生活，将社会生活的各种依赖关系分为个人和他人的关系、人类与自然的关系、个人与社会制度以及设施的关系。

1948年，文部省发布《小学社会科学习指导要领补充说明》，指出社会科的学习领域包含为满足人的基本需要的所有社会事情，它们是：①保护生命、财产和资源；②生产、消费和分配；③运输、交通和通信；④美学和宗教；⑤教育、卫生；⑥政治等内容，是一种不分学科的综合性的社会生活经验的学习。毫无疑问，这种公民素养、公共生活主旨的教学内容在二战前的修身、历史、地理以及公民课堂上都是绝非所见，可以说是二战后日本小学德育的新理念和新方向。进而1950年，文部省再发《小学社会科学习指导》，特别明示社会科的学习要根据学生的年龄阶段分段推进，以取代二战前灌输、教化的修身教育。这是汲取了美国社会科学的教学方法，具有一定的科学性和实践性。

但是社会课不完全等于德育课，其中的公民教育，虽然从内容上看和德育并不矛盾，但课时不能保证，且能够讲授民主主义思想的教师也有限，因此某种意义上，德育的实施有不尽如人意的地方。为此，20世纪50年代，开设德育课的动向风生水起。文部省于1951年先后颁发《关于振兴道德教育的策略》和《道德教育手册》，阐述了中小学新设德育课的必要性。1957年，文部省公布《道德教育基本要纲》，指出现阶段的学校德育并未取得应有的效果，随后在1958年中小学课程改革的过程中，决定新设德育课，以培养学生作为"民主社会所期待的道德态度"，明确学校德育要"促使学生养成道德习惯、加深道德情感和提高判断能力"①。由此，德育写进了日本中小学的课程。但当时

---

① ［日］文部省.文部时报883［M］.1951(3),30~33.

是以活动课的形式而非学科课程,中小学课程表上所示的德育是写在"各学科"①之外的活动课中(以下简称"道德活动"),每周一课时。

日本急于恢复学校德育,并非简单的社会科教育的不足和学生发展的需要,而是有着国家利益考虑的。众所周知,日本借助朝鲜战争得以走出战后困境,于20世纪50年代末期开始走向经济腾飞,而此时青少年道德涣散,犯罪率激增,令保守派们焦急不安。他们将青少年的放任散漫直接归为自由、民主的推行,大力呼吁恢复修身课,以唤起青少年的爱国心和作为日本国民的意识。在1955年开始的学习指导要领修订过程中,就有将国旗、国歌、国庆以及天皇等内容写入社会科课程的主张。这种苗头不能不引起世人的关注。值得肯定的是,经历了民主主义改革的日本教育,顶住了这股复辟的风声,基本上保持了战后新教育的大方向。

1958年,文部省下发有关道德活动课的文部次官通牒,明确指出"道德教育要遵循教育基本法和学校教育法所规定的基本精神,尊重个体,在学校、家庭以及社会各成员的具体生活中加以实现,培养致力于文化的创新,为民主国家的建设和社会的发展,进而为和平的国际社会做出贡献的日本人"。并规定小学道德活动内容分为:①日常生活基本行为方式;②道德情感和判断;③有个性和创造性的生活态度;④作为国家和社会成员的道德态度这四大领域,具体下设了36个条目。

1958年小学开设道德活动课以后,随着历次学习指导要领的修订,特别是随着经济社会发展中各种问题的显现,道德活动课的目标也发生着深刻的变化。例如,20世纪六七十年代,日本走上经济腾飞的发展顶峰,经济优先政策造成环境污染、公害蔓延,特别是前首相田中角荣因受贿被追究法律责任等事件,给中小学生的身心健康和价值观发展带来了极大的负面影响,为此,

---

①　日本小学课程分为三大部分:一是各学科教学,即语文、算数等各种知识课程;二是活动课,包括德育、英语和综合学习;三是特别活动,包括开学典礼、毕业典礼、修学旅行等每年必定的活动。

1977 年度《小学学习指导要领(道德活动)》强调道德活动要"加强学校与家庭、社会的相结合""培养学生的道德实践能力"。20 世纪八九十年代以后,信息化、国际化、高龄化、少子化社会的到来,生存环境变得严峻起来。具体到中小学学生,由于考试竞争日益激烈,逃课现象严重,校内暴力频发,为此,1998 年度的《小学学习指导要领(道德活动)》中的道德活动突出了"敬畏生命""生存能力""心灵教育"等关键词,目的在于培养"有理想和目标,能够自律""可以赢得国际信任的日本人"。21 世纪以来,随着知识型社会、国际社会的进展,理解差异、和谐共处凸显,为此,2008 年度的《小学学习指导要领(道德活动)》道德活动在"道德认识和实践""生存能力"的基础上,加入了"尊重差异、和平发展"等目标,以培养"能够开拓未来的有主体意识的日本人"。

对比二战前后可见,日本小学德育从过去顺从国家利益和助力军国主义的德育,到为了个体成长和提升道德认识、道德实践的德育,目标的转变是旗帜鲜明的。虽然在这一过程中新的问题不断涌出,但改革的方向还是比较明确的。

二、德育学科化:今日小学德育新动向

2014 年 10 月,日本中央教育审议会(以下简称中教审)出台题为《关于德育的改革》的答询报告,提出要将"道德活动"改为"道德特别学科(暂定)"。所谓特别学科,按照中教审上述答询报告的解释是"与'各学科'不同的新的模块"①。有报道说,文部科学省将在 2018 年修订《小学学习指导要领》(中学为 2019 年)的同时,导入国定教科书开始实施道德活动的学科教学。②这一改革的背景和将"道德活动"升格到"道德特别学科"的目的令人瞩目。

(一)是防止校内暴力,还是国家发展策略:德育学科化的背景

将"道德活动"升格为"道德特别学科"的直接原因是 2011 年 10 月滋贺

---

① [日]中教审报告.关于德育的改革[R].2014,5.
② [日]社论.德育学科化能保佑孩子什么[N].每日新闻,2014.3.27.

县大津市一中学生不堪校内欺凌的自杀事件。如前所述,自 20 世纪 80 年代以来,日本中小学校内暴力、欺凌屡屡发生,日益严重,其中直接导致自杀事件的时有发生,已经成为一大社会问题,也是学校教育的一个难题。例如1986 年,东京都中野区富士见中学 2 年级学生鹿川裕史(当时 13 岁)不负凌辱上吊自杀,引起了日本各界极大的关注。鹿川裕史同学因为个子小人又老实,经常被同学们派去买东西,背大家的书包,后来发展到脸上被涂鸦,被当成拳击靶子殴打等⋯⋯随着时间的推移,这种恶劣行为越演越烈、迟迟得不到遏制。虽然大多发生在中学,但小学也有类似的现象。不少专家学者将这一问题归于学校德育的不完善,因为小学德育是活动课,没有规定教材,也没有专门教师,所以无论是时间上还是内容、效果上都不如其他学科充实。为此,加强学校德育成为当下日本社会的一种声音。

2013 年 1 月,安倍内阁下组"教育再生实行会"(以下简称教育再生会),将加强学校德育,防止校内欺凌作为教育再生的一大目标。同年 2 月,教育再生会发布《关于防止校内欺凌的对策》,6 月,政府出台《防止校内欺凌推进法》,9 月实施。《防止校内欺凌推进法》第 15 条写道:"学校要培养学生丰富的情感和道德心,培养学生用心与人沟通的能力,防止校内暴力,进而通过全校教育充实道德教育及体验活动。"① 2014 年 2 月,中教审接受文部科学省大臣有关《加强德育等课程的改革》的咨询,同年 10 月,出台了上述题为《关于德育的改革》的答询报告。报告提出目前的道德活动课存在着"未能很好挖掘其特性展开教学,未能很好对应学生发展阶段性,各学校和任课教师的指导水平不一"等问题,为此,要"以道德特别学科为基点,改革并充实通过全校推行的道德教育"②。这意味着将"道德活动"升格为"道德特别学科"之事提上了日程。

从活动课程到学科课程,虽然是特别学科,但所涉及的问题很多。因为

---

① ［日］池上彰.一目了然日本教育.东京:PHP 研究所,2014,198.
② ［日］中教审报告关于德育的改革[R].2014,6.

过去是活动课程,所以没有考试,也不需要教材,一般是各学校根据《学习指导要领》的宗旨定下一个主题全学年推进,也可以和各科教学联合推进活动。但是学科化以后,不仅课程内容加重了,还需要有教材、评价等一系列教学环节跟进。另外,因为是"道德活动",所以日本的小学教师资格证至今未设德育方向,教师的任课也成为问题。特别是国定教科书制度的再次启用,引起了日本国内外有识之士十分担忧。例如有学者说道:"德育学科化的目的是以确保德育课程的实施为名,对学校德育实施控制……通过学科化使得教科书义务化,强化德育的指导。"①这是一种具有高度政治觉悟的声音。

　　因此,除去教学方面,我们还应该注意的是此次德育学科化的另一个关键问题,那就是当前日本国内政治走向的影响。众所周知,安倍晋三在第一次当政期间(2006—2007 年),坚持 20 世纪 80 年代以来日本政界鼓吹的修改《教育基本法》论调,顶着巨大的民众舆论,强行将"爱国""乡土"写入教育目标条款(第二条),引起日本国内外极大的关注和激烈的辩论。安倍晋三在第二次执政的今日(2012 年—　　),又将关注点直指学校德育,提出德育学科化,企图通过国定教科书、学生评价等手段实行国家特定的"爱国教育"。因此可以说,防止校内欺凌虽然是德育学科化的重点之一,但它只是一种表象,其更大的指向在于教育目标的变革,是日本国家发展策略的一个重要举措。

　　修改教育基本法的动向,可以追溯到 20 世纪 80 年代中曾根内阁"战后政治总决算"时期。所谓"战后政治总决算"即重新审视战后政治和建设新型政治的主张。它是基于战后改革只注重普遍性的大一统的人才培养,而缺失了"另外一半的内容"的观点上提出的。而所谓"另外一半的内容"就是作为日本人的"心的教育"。中曾根尤其不满战后教育改革中"国家"和"公共"概念的缺失,他曾经发表题为"战后日本的总结和今后的展望"的演说,鼓吹应该把国家、国旗、文化、历史等字眼写进教育基本法。由此可见,日本小学德

---

① ［日］藤田昌士.德育学科化及其所留给我们的问题[J].埼玉的教育和文化(70),2015,11~12.

育学科化动向绝非偶然，它是日本政界右翼思潮的具体化和表面化。

（二）国定德育教科书的序曲：《我们的德育》

伴随着德育学科化动向，文部科学省编辑出版作为中小学准教材的《我们的道德》（2014 年），于 2014 年度免费发放到日本全国的中小学。

《我们的道德》按照学年分为小学一二年级、三四年级、五六年级和初中，一共四套。小学部分的内容整体上分为：①自我成长；②个人和他人；③关心生命；④个人和群体的四大部分，这和《学习指导要领》的宗旨是相符合的。形式上分为"读"和"写"两个层面，读解层面主要是大量插图和故事，书写层面就是每一讲后边留出的填写思考或者感想的空白。特别是低年级部分，卡通、动物、植物等拟人作品很多，配上家庭、生活中的一些小问题，引起学生不断思考，指导学生习得好习惯，可以说是符合学生的发展阶段和学习心理的。

但是关联前述当前日本国内政治走向，我们还应该看到这套教材的指导思想和内容方法。文部科学大臣下村博文在出版前言中说道："道德教育承担着培育学生温柔的心和丰富的人性，让学生具备规范的意识和社会责任感。"[1]此处所言规范的意识和社会性反映在《我们的道德》中，例如伟人、格言的介绍超过 100 个，并附上解说词，先入为主地灌输政府所期待的价值观；又如强调集体主义，渲染集体的益处而掩饰二战前国家主义的弊病；特别是四大模块中，大标题里没有"和平"的字眼，而从低年级开始一直强调国家和家乡。低年级是"亲近乡土"，中年级是"热爱乡土"，高年级是"热爱乡土、热爱国家"，这和二战前小学修身课是一个套路。因此有学者明确指出《我们的道德》是"培养爱国心的一种心理层面的操作"[2]。

《我们的道德》并非横空出世，它是在《心灵手册》的基础上改编出台的。所谓《心灵手册》是 2002 年文部科学省为全国中小学配发的"道德活动"的辅

① ［日］文部科学省.我们的德育[M].东京：教育出版社，2014.
② ［日］儿童与教育网络组织.被德育学科化扭曲的儿童[M].东京：合同出版社，2015，24.

助读本。这一动向也是 20 世纪 90 年代小渊惠三政权的右倾化在学校德育中的具体体现。众所周知，小渊执政期间，出台了《国旗国歌法》（1999 年），以法律的形式强行要求公立学校在开学典礼和毕业式上挂国旗唱国歌，届时文部省①也明确作为公务员的公立学校的教师，有义务执行挂国旗唱国歌的规定。这一法律规定在日本国内引起了极大的反应，反对的呼声高涨。因为日本国歌是在日本军国主义时期产生的，其中所言"天皇治世""天皇崇拜"是与二战后民主主义思想背道而驰的，就连右翼代表石原慎太郎都表示"我喜欢国旗，但是不喜欢国歌，（因为）里边是一种灭己奉公的宣扬"②。

具体到学校德育，2002 年文部科学省花费七亿三千万日元制作《心灵手册》免费配发到全国中小学。据文部科学省 2012 年统计，全国 80%~90% 的中小学选用了《心灵手册》。③虽然没有国家鉴定，也不是正式的教科书，但在当时仍然引起了激烈的争论。来自教育一线的教师和自由主义评论家们纷纷批判此举是"战前修身课的复活""是国际化时代的修身课"，等等。

而此次《我们的道德》耗资九亿八千万日元，内容量是《心灵手册》的 1.5 倍。④虽然是非正式的教材，不要求学校必须使用，但根据文部科学省 2014 年 7 至 8 月的调查得知，全日本 99.5% 的小学使用了《我们的道德》，另有 41.9% 的小学同时使用文部科学省发行的各种教参和指导材料。⑤同时，为了进一步扩大德育学科化的影响，文部科学省一方面提倡不仅限于道德活动课，其他学科教学也尽量使用《我们的道德》，另一方面号召学生家长也参与进来，和孩子们一起学习和讨论《我们的道德》。由此我们可以预料，无论是从资金的投入、内容的改编，还是参与的人群来看，《我们的道德》的用意和将要产生的作用都会远远大于《心灵手册》。有日本学者说："此次政府以积极的态度将道

① 文部省于 2001 年与科学技术厅合并，改名为文部科学省。
② ［日］http://ja.wikipedia.org/wiki/ 小渊惠三 /2015 年 6 月 28 日 /2016 年 9 月 4 日访问。
③ ［日］文部科学省.道德教育的彻底改善和充实［R］.2014,4.
④ ［日］朝日新闻(晚报)［N］.2014.2.14,(2)(综合版).
⑤ ［日］文部科学省.我们的道德使用调查［R］.2014,1.

德教育纳入学科,可以看出国家权力介入教育领域。"①因此可以说,《我们的道德》是为了实施德育学科化的前奏,更是日本恢复国定德育教科书的序曲。

三、全校德育是把"双刃剑":日市小学德育的实施特点

按照《小学学习指导要领(道德活动)》的规定,日本小学德育以"培养学生的道德情感、道德判断力和道德实践能力"为目标。为了达到以上目标,"道德活动课自不必说,还要适应各科教学、外语活动、综合学习以及特别活动的特性,切合小学儿童的身心发展阶段特点,开展适当的指导"②。这一规定反映了日本小学德育的实施特点,一为切合小学儿童的身心发展特点,基于学生的生活和体验开展活动;二为与各科教学结合,通过学生活动、集体生活等实现全校德育。第一个特点得益于民主主义改革,而第二个特点战前战后都有体现,是日本小学德育的最大特点,尤其值得我们关注。

(一)国家干预的全校德育"定式":极端的民族主义的根源

"假如国家的一个重要功能是提高全体人民的道德水平和文化水平,那么最有效的两种工具就是法院和学校。教育具有正面的积极意义,而法院具有负面的和压抑的意义。所以,学校理所当然是国家干预的重要场所。"③综观西方近代学校教育的发端,民族崛起和国家意识起到了极大的推动作用。这是历史发展的必然和所需。然而当一个民族只以自民族为唯一利益时,学校教育就走到了极端。日本近代小学德育就是恰好的佐证。

《学制》颁布时,日本政府并未清楚学校德育的目标和方法,1873 年公布的《小学教则》中,规定小学课程设有"修身口授",此为日本近代学校德育的起点。1879 年公布的《教育令》中,小学课程分别为"读书、写字、算数、地理、历史和修身",修身位于课程最后一位。而翌年的《修改教育令》中,修身课一

---

① ［日］小玉重夫.如何看待德育学科化[J].Voters,2014(4),2.
② ［日］文部科学省.小学学习指导要领解说(道德活动编)[R].2008,8.134.
③ ［英］安迪.格林.教育与国家形成[M].王春华等译,教育科学出版社,2004,译者序言 2.

跃成为学校课程的首位,原因如前所述,是应和国家主义教育的需要。甲午战争以后"日本主义"、日俄战争以后"国粹主义"思潮盛行日本,与西方为伍、侵略扩张的对外国策形成。此后直至1945年日本战败,修身课一直位于各级各类学校课程的首位,成为军国主义教育的核心课程。

1937年侵华战争以后,日本开始酝酿修改学制,1940年正式实施国民学校制度,小学课程由国民科、理数科、体炼科、艺能科和实业科五大部分组成,其中国民科又分为修身、国语、国史和地理四门课,专门用于"皇国之道"的教育。其他各部分也分别从不同学科角度教化学生,使他们认同"国民精神",练就"刚健体魄",养成"克己奉公"的精神。

1941年小学修身课教材《做个好孩子》一年级课本写道:"敌人的枪弹像雨点一样飞过来,日本军队勇敢地前进着。敌人的炮楼上高高地扬起了'日之出'国旗。"二年级课本写道:"日本是世界上唯一一个神的国家,是世界上最为光辉、伟大的国家。"应和这种"皇国之道"的教育,国语课本写道:"红色、红色、日之出、日之出。日之出国旗,万岁!万岁!"国史和地理课作为创造"皇国思想"和"神国日本"的捷径课程,更加露骨地宣扬"神国""大和""满洲""大东亚"思想,[①]形成了强大的全校军国主义教育的效果。这是和这个时期形成的右翼集团及其思想关联密切的。

第一次世界大战后,随着世界法西斯势力的出现,日本也出现了法西斯团体,其中以北一辉、大川周明等发起的"犹存社"(1919年)的影响最大。该团体有完整的纲领,即北一辉撰写的《日本改造法案大纲》。该纲领鼓吹为了使日本摆脱内外交困的局面,在国内需由天皇"维护国体";对外则主张"解放亚洲民族",建立所谓"世界新秩序"。大川周明则在《大东亚秩序建设》一文中以"东西对抗"理论作为侵略战争的正当防卫,视"东洋精神"为"东亚新秩序"的精神支柱。这些纲领得到了日本政府、军部乃至法西斯分子的极大赞

---

① 　[日]海后宗臣等.近现代日本的教育[M].东京:东京书籍,1999,167~175.

赏。政府则在其后制定了一系列侵略性的外交政策,悍然发动侵华战争。可见,右翼思想为日本发动侵略战争提供了理论根据,当然也是军国主义教育主阵地的小学德育的思想之源。

如上所述,日本帝国主义时期的小学德育,不仅限于修身课一条渠道,地理、历史课等也大肆宣扬"君之代""神国""大东亚""满蒙"等舆论,学校教育目标整体服务于军国主义,"与皇国之道归为一体""练就皇国国民"成为唯一指令,包括小学在内的各级各类学校都从"知识学校"演变成了"练就国民的道场"①。这就是狭隘的民族主义思潮下的、典型的负面效果的全校德育。这种德育培养的人是极端排他、狂妄自大和极其残忍的人,是畸形的德育果实。为此,二战结束后,此类课程均被勒令停止,取而代之的是宣扬民主主义思想的各种课程。

但是日本虽然在很大程度上普及了民主主义思想,而当经济发展到一定程度,国家利益需要的时候,国家主义的教育思想却又不可避免地暴露出来。如前述道德活动课新设过程中恢复修身课的声音,20世纪90年代《国歌国旗法》的制定实施,21世纪以来修改《日本国宪法》第9条(战争的放弃)的争议、教科书风波以及少数顽固右翼分子美化侵略战争的论调等。特别是2006年公布实施的《教育基本法(修改法)》重新提倡"爱国心"和"公共精神",反映出漠视国民的声音和通过复古式道德教育统制国民的意向。②

"德育目标作为人的一种观念、一种社会意识,它是由社会存在决定的,是具有社会历史性特点的,在阶级社会具有阶级性的特点,同时,不同民族的德育目标还具有民族性的特点。"③综观日本二战前小学德育的目标和实施,印证了以上所言"社会意识、阶级性和民族性"的特点。虽然二战后的教育改革,确定了民主主义的方向,但当国家利益凸显,这种隐形的负面的社会意识

---

① ［日］柴田义松、齐藤礼彦.教育史［M］.东京:学文社,2013,121
② ［日］佐藤一子.现代社会教育学［M］.东京:东洋馆出版社,2006,50~51.
③ 胡厚福.德育原理［M］.辽宁大学出版社,2016,98.

和阶级民族性就会显现出来,并集中反映在学校德育上,这已经成为一种定式。

(二)遵循德育原则的全校德育:带动全体师生的道德实践

另外,我们也要看到全校德育的积极一面。针对二战前日本小学德育依靠国家的思想统治和强行束缚打造臣民这种被动的、外力的、强制性的德育,二战后的民主主义改革,使得学校德育由封闭、强硬走向主动、开放和思辨,全校德育也有了正向的效果。在健康、民主的德育目标下,道德活动与各科教学相结合,全校整体地、有计划地加以配合和充实,这是培养学生道德情感和实践能力的有效途径,同时也可以促进师生民主、和谐的关系。

有学者道:"我们想要学生理解美德,我们就应该教授美德。这并不意味着设置独立的课程,对美德的认识和反思必须充盈整个课程之中。"①其实,我们从源头思考的话,赫尔巴特早在 19 世纪初就明确了"教育性教学"或者说是"教学的教育性"。他说:"教育学作为一种科学是以实践哲学和心理学为基础的。前者说明教育的目的;后者说明教育的途径、手段。"②赫尔巴特这一论述使得学校德育科学化的同时,也为德育找准了学科教学这一基本的平台。从这个意义上看,目前日本小学的全校德育就是这样一种样态。

但是要想将道德活动贯穿于各学科,一个棘手的问题就是各科教师之间要有充分的思想准备,否则之间的协调就不能保障。而日本小学包班制教学形式可以有效解决这个问题。如前所述,道德活动课没有教材和考核,活动主题由各学校根据本地区的条件自定,各学科围绕着道德活动课的主题穿插教学,落实德育目标。这种课程思路为全校德育提供了可能性。日本东京都岛屿小学的河津力老师做了一个很好的实践。

东京岛屿小学由于特殊的地理位置,近年来一直将"保卫美丽岛屿"作为

---

① [美]卡伦.博林等.在学校中培养德育[M].王婷、李敏等译.教育科学出版社,2012,51.
② [德]赫尔巴特.赫尔巴特文集(三)[M].李其龙等译.浙江教育出版社,2002,187.

学校德育的主题,河津老师作为四五年级的任课老师,制定了各学科穿插环境教育的教学计划。语文课上让学生做资料收集,开展环保讨论会;社会课上介绍产业与公害、垃圾的去处;数学课上练习用数据的方法做图表;理科课上讨论水的去处、生物之间的关联;手工图画课上制作树根作品;综合学习研讨如何保护美丽的海岛;特别活动则清扫海边……总起来看,文科课上重点公开讨论,理科课上主要动手实施,还有综合学习和特别活动加以辅助和充实。这就是包班教学和学科间相互协调的结果。另外值得深思的是,其环境教育的立足点很高。东京岛屿小学明确提出口号:"环境教育不是学科,而是一种态度。"也就是说,它不是某一个教学科目,也不是某个年级的学习内容,它贯穿于学校教育整体,每个教师、每个学生都自觉地参与在其中。①

　　当然,不仅是环境教育,学校德育的各项活动都可以在包班教学的形式下开展,这种全校参与式的教学形式非常适合德育课程,它围绕着人的培育、学生道德品质的养成形成合力,是推行全校德育所取得的积极、正向的一面,也是德性课堂的很好体现。"所谓德性课堂,是指能够使小学生获得积极德育影响的教学过程,德性课堂的核心要求是课堂教学能够促进小学生的品德发展。这里的课堂教学既包括品德类课程的课堂教学,也包含其他课程,如语文、数学、艺术、体育与健康、科学等课程的课堂教学。"②对照前述河津力老师的环境教育的实践,可以说,目前日本小学的全校德育和德性课堂处于同一个层面上,是各种课堂形成合力促进小学儿童道德发展的"积极德育影响的教学"。而其二战前全校德育的目的,只有国家利益没有学生个体,是附属于国家政治的德育,因此也并非促使小学生获得"积极影响"的德育。贯通日本二战前后的这一小学德育的实施特点,一反一正两种事实,充分证明全校德育是把双刃剑。

---

①　夏鹏翔、刘慧.中日小学生道德价值观教育方法之异同[J].基础教育研究,2012(1),11.
②　刘慧、李敏.小学生品德发展与道德教育[M].高等教育出版社,2015,161~162.

正因为这把双刃剑，我们必须牢牢把握住学校德育的目标，特别是对有着军国主义教育经历的日本学校德育的发展动向给予高度的重视。回到教育规律或者说教育社会学的角度我们深知，教育与社会政治的关系是作用力与反作用力的关系，二者密切相关。站在世界和平和国际化的视角上，国家政治可以引领学校德育，引导学生"胸怀祖国、放眼世界"，是有利于学生个体的发展，有利于国家和世界发展的。而日本修改《教育基本法》以来频频提到的"爱家乡""爱国家"在小学德育目标上的强调，可以说就是这两种作用力的负面体现。因为这种腔调的发声，每一次都是在日本国力增强、国家利益凸显的时候，它不同于我们普遍意义上的"爱祖国"和"爱人民"。据2017年4月18日央视新闻报道，目前日本有学校已将希特勒的《我的奋斗》部分内容引入教材供学校使用。这个曾经被禁长达70年的世界头号法西斯的自传堂皇地被用作学校教材，并且日本政府对民进党和民众的质疑，态度暧昧，令人十分震惊。我们有理由说，当这种德目以全校德育的方式得以实施之时，其后果很有可能就是战前的翻版。好在日本大多数的教育学学者，具有非常敏感的判断和政治觉悟，每当日本政府、特别是右翼当政的言行出笼，他们都能够果断地发声，进行尖锐的批判。

综观二战前后日本小学德育的发展，可以看出其理念、目标以及方法等方面的不同之处。首先，在指导思想上，修身课是在《教育敕语》的指导下制定的，强调天皇是日本伦理道德的根本，灌输"忠孝"和"国体"的思想；而道德活动课的指导思想是《日本国宪法》《教育基本法》所规定的自由、民主和和平的理念，弘扬个人、个性。其次，修身课在学校教育中位于首位，其他学科都是修身科的补充；而道德活动课正相反，定位在学科教育之外，是一种相对自主和放松的课程。再次，修身课使用国家审定的教材，教育内容与国家精神高度一致；而道德活动课则脱离国家的控制，由校方、教师根据实际情况自定活动内容，教师是指导学生，而不是教化学生。最后，在指导方法方面，修身课一味地灌输，不会顾及学生的接受能力，压制学生的思想反应；而道德活动课通过对话、课外读物、视听资料以及演剧等多种方式进行指导，体现了学生参与、师生互动的理念。

　　然而当今日本德育学科化的动向，打破了二战后日本小学德育的宁静。我们不禁会问，日本经过半个多世纪努力实现的民主主义教育，今后将走向何方？从道德活动课到特别学科，再到教科书的国有化、教师资格认定以及教学评价等问题的显现，拷问着今日日本教育的走向。2018年之后，日本小学德育还能够保持民主、自由的理念，保持和谐、宽松的氛围吗？国家权力的强行介入，不同程度地再现了二战前小学德育的指导思想和实施途径，令人深思。换言之，德育学科化已经不仅仅是学校教育的问题了，它关系到日本国家发展的走向，更与世界和平和可持续发展息息相关，应该引起我们足够的关注。

3. 当代日本教师教育评价研究及启示①

夏鹏翔　　刘慧

摘　要：二战后日本师范教育遵循"大学培养"和"开放式"两大原则。20世纪80年代以后，特别是进入21世纪以来，日本对教育专业核心素养的研究突出"关爱小学生""提高课堂教学能力"，对培养机构评价的研究具有"适应性""自主性"和"联合性"等特点。日本此领域研究的"人文关怀"和"方法多样化"等思路可为我国教师教育评价研究提供借鉴。

关键词：日本；教师教育；教育评价；专业素养

第二次世界大战后，日本师范教育遵循"大学培养"和"开放式"两大原则，强调"学问自由"和"大学自治"。1953年，日本颁布《教师资格证书法》，实施教师资格证书开放政策。其后，日本的师范教育开放规模快速扩大，培养机构疾速增多，由此带来的问题是，小学教师培养机构连年增加，培养规模迅速扩大，培养质量该如何保证？小学教师专业素养应如何培养？在这种情况下，日本教师教育评价研究提上了日程。

一、教师教育改革推进教师教育评价研究：背景和进程

20世纪80年代以来，围绕如何提升教师专业素养，日本展开了一系列政策和实践研究。自1997年起，日本教师教育审议会连续三年发表对新时期教师教育起指导作用的报告。第一次报告《关于面向新时期的教师教育的改革策略》(1997年7月)就教师教育的课程进行了探讨，指出要加强教育理论、学生指导等课程，延长教育实习；第二次报告《关于扩充硕士课程的教师

---

①　原载：课程·教学·教法，2018(1)，137~141.

教育》(1998年10月)强调在职教师的继续教育,加强在职教师的进修和研究生教育;第三次报告《关于教师培养、录用、研修的一体化》(1999年12月)从教师专业发展角度,强调职前职后一体化的教师教育制度,包括教师录用、教师进修和完善新入职教师研修制度等事项。

进入21世纪,教育评价研究也提上了日程。2005年,中央教育审议会(以下简称"中教审")发表报告《创造新时期的义务教育》,提出"为了满足国民的要求,做好学校教育,要培养让学生、家长放心,受社会尊重和信赖的高素质的教师",并明确合格教师的必要条件主要集中在以下三点:①热爱教育事业,即对教师工作的使命感,对学生的爱和责任感;②作为教师的专业能力,具体包括理解、指导学生的能力,管理班级的能力,课堂教学和解读教材的能力等;③综合的人格魅力,包括丰富的人性和社会性,有常识、有教养、懂礼貌以及具有沟通能力,等等。①

2006年,中教审继续发表报告《今后的教师教育、教师资格认定的应然状态》,指出目前不少中小学教师不能理解教育工作的意义,不能很好地与儿童沟通,以致在学生和家长中逐渐失去了信任。为尽快改变这种状况,确立教师的"信任度",大学教育课程要进行改革,要保证学生毕业时具有"作为教师的最低限度的素质能力",②也即具有"合格教师的专业素养"。为此,从2010年开始新增"教育实践实训"课程,包含①使命感、责任感、对教育的爱;②社会性、人际关系;③理解儿童和班级管理能力;④教学指导能力等内容,强调作为教师所应具备的知识和能力。

这些政策的出台,反映出社会发展、广大国民对学校教育的期待,更说明了培养新时期合格教师的现实需求。据日本官方调查,日本现任中小学教师中四五十岁的居多,他们即将退出教育一线,而大多数年轻教师在经验、能力上存在着各种不足。因此,今后要从质与量两方面重视年轻教师的培养,改革

---

① 中教审答询报告.创造新时期的义务教育[R].2005,19.
② 中教审答询报告.今后的教师教育和教师资格制度[R].2006,7~8.

培养课程,提高录用标准。

2007—2008 年,别葱淳二、岩田康之等学者自行组成研究小组,以日本国立、公立和私立的四年制设有教师资格认定课程大学的学生和 2007 年的新入职教师为对象开展了《小学教师素质能力调查研究》(以下简称《素质能力》)。这是针对教师个人评价的研究。该研究在日本教师教育学会上做了阶段性报告,在相关学术刊物上也发表了研究结果。①

2010 年,《素质能力》课题组在前一阶段研究的基础上,启动了《教师教育评价体系研究》(以下简称《评价研究》),拟对各培养机构展开调查,包括培养课程、认定标准等。同年,该研究成为文部科学省的委托项目,代表日本准政府层面的教师教育评价研究拉开了序幕。

二、当代日本教师教育评价研究:理念、结构及特点

(一)《素质能力》的理念、结构和特点

《素质能力》以 2005 年中教审报告《创造新时期的义务教育》中所阐释的合格教师的三个条件为理论依据和上位的三个维度,其下列有①理解小学生的能力;②与小学生沟通的能力;③教学设计能力;④学习指导能力;⑤评价能力;⑥班级管理能力;⑦小学生的指导能力;⑧专业理想;⑨自我提高能力;⑩联络与合作能力,共 10 个领域、34 项基本要求。②

合格教师的三个条件与各项要求之间的关系如下:第一,热爱教育事业。热爱教育事业是各国教师教育的共同话题,也是作为教师最基础、最起码的条件。《素质能力》中"专业理想"领域提倡的"作为教师的使命感、责任感和对教育事业的热情"和"理解小学生的能力"领域强调的"创造与小学生接触的

---

① 例如牛渡淳,等.日本教师教育改革的问题[J].日本教师教育学会研究年报,2010;岩田康之,三石初雄.现代教育改革与教师[M].东京:东京学艺大学出版会,2011.

② [日]别葱淳二、岩田康之.小学教师专业能力的形成和培养课程研究[R].日本教师教育学会第 20 届年会发言资料.2010,12.

机会""理解每个小学生的个性和不同"等要求都是这一理念的体现。第二，教师的专业能力。提高教师素质、保证教育质量是 20 世纪 80 年代以来各国教师教育的共同话题。《素质能力》中"③教学设计能力""④学习指导能力""⑤评价能力""⑥班级管理能力"和"⑩联系与合作能力"等要求均为这一领域的内涵，是课堂实践层面上的素质指标。第三，人格魅力。6~12 岁的小学生处在"成人""长人"的重要阶段，具有依赖性、模仿性等鲜明的心理特点。因此，小学教师不但要有爱心、耐心，性格上还要亲切、温和并幽默。这一点对小学教师尤其重要。《素质能力》中"②理解小学生的能力和①与小学生沟通的能力"最能说明这一理念的重要性。

特别是⑧专业理想中的"作为社会人的常识，遵守社会规则，使用正确的语言""作为常人的温和、亲切和幽默"，明显是教师的性格、人文素养和社会道德等方面的素质要求，这些都是人格魅力的范围；②与小学生沟通能力中的"耐心听儿童讲完话，感受他（她）的心情"的要求很令人深思，能做到这些的教师不能不说具有极大的人格魅力，也必然是深受学生欢迎的好教师。

《素质能力》的特点主要表现在以下三个方面。其一，如前所示的 10 个维度中，有一半都强调第二个条件"作为教师的专业能力"，表明教师专业发展的理论和研究对现代学校教育特别是对教师教育的导向和推力，是国际教育改革对日本教师教育的影响。其二，日本自 20 世纪 80 年代实施"宽松教育"和"周五日制"学制以来，对课时和知识学习做了大幅削减，以致教师"教的水平"和学生"学的能力"都不同程度地出现了下降趋势。此次研究强调"作为教师的专业能力"，可以说是针对这一现状做出的反应和调整。其三，在 10 个维度中，有关学生的要求占有重要的比例，由此可以看出对小学儿童的关注和重视。近年来，日本各师范院校纷纷开设"儿童学"，研究"儿童这一自然体"，①研究"成人为孩子准备的和孩子亲自参与"的"儿童文化"②成为共识。

---

① ［日］浜田寿男.儿童学序说［M］.东京：岩波书店，2011，13.
② ［日］小川清美.儿童文化［M］.东京：萌文书林，2012，10.

值得指出的是,《素质能力》并没有涉及科研活动或者研究能力的提高,这不能不说是一个缺憾。现代教师教育非常强调培养"反思型""研究型"教师,而脱离科研活动是很难达到这一发展目标的。虽然在"⑨自我提高能力"中含有"分析""反思"的内容,但没有将科研作为一个单独的维度来考察,这是值得反思和弥补的地方。

(二)《评价研究》的理念、结构和特点

2012年8月,随着教师教育改革的进一步推进,中教审公布题为《关于综合提升贯通教师生涯的素质能力的策略》的研究报告,其中"培养课程的质量保证"是核心内容。如前所述,早在此项报告下发之前,日本东京学艺大学等相关机构就已开始初步研究,继前述《素质能力》的研究,2010—2013年拉开了《评价研究》序幕。《评价研究》针对培养机构,围绕课程、管理以及评价标准等展开调查,这和上述《关于综合提升贯通教师生涯的素质能力的策略》的核心要求是相符合的。

《关于综合提升贯通教师生涯的素质能力的策略》提出,今后教师的素养与能力集中为三点:①有责任心、探究能力和在教育职场不断学习、自我提升的能力;②作为教师的丰富的知识和高超的技能,包括学科知识、实践指导能力和学生指导、班级管理等能力;③综合的人格魅力。要树立"能够自主地适应教育职场变化的不断学习的教师形象"。

为树立"能够自主地适应教育职场变化的不断学习的教师形象",《关于综合提升贯通教师生涯的素质能力的策略》提出了培养质量、教育评价等问题,强调要"研讨大学间相互适用的评价体系"。《评价研究》采用的理念和指标也是如此,即避免来自外力的强压式管理,力求各培养机构自主自律的质量保证和相互评价。比如,《评价研究》的一级指标分为五部分:①课题组成员达成共识的主体性教师教育;②能够胜任教师岗位的人才的保证;③就职资历(教师资格证书)的保证;④作为大学重要环节的教师培养课程的管理;⑤中小学学生的教育问题与大学教育之间的关联。

　　一级指标下设二级指标 13 个：①达成教师教育理念的共识；②制定培养课程；③管理教师组织；④建构自律性、长久性的课程改革的体制（这四项下属于"项目组成员达成共识的主题性教师教育"是评价指标核心所在，其强调的是理念的共识和大学的自主性）；⑤向学生展示、解读培养课程；⑥指导学生选修课程；⑦指导学生的从教志愿；⑧加强指导学生选课的管理体制（这四项下属于"能够胜任教师岗位的人才的保证"和"教师资格证书的保证"，主要关注师范生的入口和出口）；⑨加强大学自身的自律性和教职员、课程的管理；⑩充实能够促进学生发现问题、解决问题的学习环境和上课方法（这两项下属于"作为大学重要环节的教师培养课程的管理"，强调培养机构课程和人的因素）；⑪加强对教育一线的理解和教育实习；⑫引导学生体验和感悟教育；⑬加强与其他教育相关机构联手和合作的体制（这三项下属于"中小学学生的教育问题与大学教育之间的联系"，强调培养机构的应然状态，即拿出大学的独特见解，结合教育现场培养学生）。二级指标下又设有 40 项具体要求。①

　　《评价研究》的特点包括：第一，适用性。各大学探讨适用于各级各类师范院校的评价标准，以体现尊重大学的自主性和多样性。第二，自主性。各大学自主地开展自我评价，包括课程、方法、组织等内容；第三，联合性。各培养机构之间，大学与教育行政部门、学会以及评价机构之间形成联手、互助的关系，相互促进和监督，以保证教师教育事业整体质量的提升。三者相互关联、前后递进、缺一不可。适用性是《评价研究》所追求的核心内容；提倡各培养机构的内部评价，有效地保持了大学的自主性；同时，各机构联手和合作又有利于探讨评价的核心内容，形成良性循环。

---

① 东京学艺大学教师教育评价课题组.教师教育评价调查研究报告书［R］.2014,61.

三、多方调研,综合评价:研究过程、结果分析

(一)《素质能力》:合格教师的应然状态

《素质能力》课题研究组从在校生(指师范生)、新入职教师和小学校长三方面做了问卷调查。首先,在校生对上述 10 个维度的认识和自认为可以达标的项目由高到低的排顺为:第一,与儿童沟通的能力;第二,专业理想;第三,自我提高能力;第四,理解儿童的能力,而余下的 6 个方面还未能达到专业标准的程度。不难看出,未达标的 6 个项目均属于教学一线操作性较强的工作内容。其次,从新入职教师的角度看,自认为可以达标的项目由高到低的排序为:第一,专业理想;第二,与儿童沟通的能力;第三,自我提高能力;第四,理解儿童的能力,也是 4 项,并与在校生基本相同。这说明大学生与新入职教师对小学教师的素质能力在感性认识上是一致的。这也说明他们还没有走出师范生的框框,没有感受到教育一线的问题或者说还没有获得后 6 项的能力。

《素质能力》还用此问卷向部分小学校长进行了调查,小学校长对以上 10 个项目的调查内容给出的排序是:第一,班级管理能力;第二,理解儿童的能力;第三,与儿童沟通的能力;第四,学生指导能力;第五,专业理想;第六,评价能力;第七,自我提高能力;第八,学习指导能力;第九,教学设计能力;第十,联络和合作能力,①可以看出,校长的想法与在校生和新入职教师有所不同。在校长眼里,管理、指导、理解儿童的能力位居前列,也就是说,作为教师的实践能力是非常重要的。这个结果恰好与当下日本教师教育改革的研究动向相吻合。目前,日本小学教师培养课程改革的一大重点就是加强教育实习,提高作为小学教师的实践能力。一些研究甚至提出了将教育实习与新入职教师的试用期融合在一起的想法。②可见在教师培养过程中实习、实践的重要

---

① 参考日本创价大学教师研究生院访华团 2010 年 11 月 18 日在首都师范大学初等教育学院所做的题为"合格教师的条件"的汇报讲演 PPT。
② 牛渡淳,等.日本教师教育改革的问题[J].日本教师教育学会研究年报,2010,55.

性。这也关系到教育类课程与学科类课程关系比例的调整,各学科之间的关联等问题。

(二)《评价研究》:师范大学的发展定位

《评价研究》在论证、制定评价指标的基础上,作为实验性调查,抽出三所有代表性的大学进行了调研。东京学艺大学作为传统师范大学首当其冲,冈山大学作为南方的大学被选为其二,第三所是玉川大学,属于著名的私立大学。调研分为自我评价和外部评价两大部分,还包括问卷、访谈等环节。在调研过程中,各大学也开展了自主性的研讨。例如东京学艺大学的调研即是如此。

首先,大学内部多次召开研讨会。专家们一致认为,在以往的评价中,学艺大学是遵照普通大学的理念和标准的,而此次则要强调师范大学的特色和如何培养合格的一线教师,并提出了要培养"有为的教育家"这一目标。

为此,他们自制校内问卷,对各教研室进行微型调查。问卷共有五个问题,分别是:①贵教研室成员认为本大学的培养目标"有为的教育家"和贵教研室的目标达成共识了吗?②贵教研室为实现本教研室的理念和目标,制定了哪些有特色的课程?③贵教研室在选拔和考察适合教师职业的学生的过程中采取了哪些方法?④贵教研室在改革教育、提高课堂质量方面做过哪些努力?⑤贵教研室在指导学生,特别是在把握每个学生的个性加以指导方面采取了哪些举措?这五个问题基本上是对照前述委托课题的研究指标制定的,师范教育的特点非常明显。在此基础上,各教研室还回答了委托课题的问卷。通过这种自我评价和外部评价的结合,大学本身首先得到了反省和提升的机会。

《评价研究》在社会上引起了反响。地方教育委员会认为,如此评价可以明确划分哪些机构是值得信赖的,有利于提高师范教育的质量;媒体界认为,此举明确了提高教师培养质量的途径和改革策略,为国民选择教育机构提供了参考;文部科学省提出了今后的研究指向,即制定适应全日本的评价体系和标准,更加细化评价的指标和内容等。

四、教师教育的发展方向：日本教育评价研究的启示

（一）教育走向人文关怀，强调教育学课程的重要性

重视学习教育学，培养教师的人文关怀，是日本教师教育的一个特点。这在 1998 年公布的《教师资格证书法（修改）》所规定的学分比例分配中已有体现。本科毕业生获取一类教师资格证书，小学教师共需 59 学分，其中学科课程 18 学分，教育学课程 41 学分。而《教师资格证书法（修改）》规定：在 59 学分中，学科课程从 18 学分减为 8 学分，教育学课程仍然是 41 学分，余出的 10 学分作为学科或者教育学课程，供学生自行选择。[①]这种减少学科学分，增加教育学学分的规定，体现了当代教师教育的重点，即教育要走向人文关怀、走向欣赏和鼓励。这一点对于小学教师尤为重要。

（二）重视儿童，凸显对儿童的关爱

日本小学教育一直比较重视学生的行为习惯和全面成长，小学教师普遍能够遵守教师职业道德，耐心地教导学生。《素质能力》仍然遵循这一原则，再次强调儿童的重要性。在其 10 个二级维度中，有关小学儿童的占有半数，"爱护儿童""关心儿童""理解儿童"的要求随处可见，已成为整个研究的关键词。

我国 2012 年公布《小学教师专业标准》，其中第一个维度"专业理想与师德"对小学教师提出要"热爱小学教育""为人师表""教书育人"等要求，强调"关爱"和"尊重"小学生。可见，无论是在我国，还是在日本，关爱学生、关注生命，已成为教师教育的核心理念之一。

（三）培养机构的评价多样化

如前所述，"学问自由"和"大学自治"是二战后日本大学运营的核心理念，政府层面的、全国统一的教育评价应该在保持这一底线的基础上，体现多样化评价。也就是说，对于传统师范大学、综合性大学中的师范系、新增设教

---

① 夏鹏翔.日本教师专业化的历程及启示[J].日本学刊,2009(4),128.

师教育培养课程的其他培养机构,可以分层次、分重点地加以评价。在保证最普遍、最核心的评价之后,突出其各自的办学特色,保留其"大学自治"的传统。

《评价研究》之②能够胜任教师岗位的人才的保证和③就职资历(教师资格证书)的保证就是这种多样性的体现,表明不同类型培养机构的办学宗旨和发展方向存有差异,应该多重标准评价。

另外,值得深思的是两个课题的研究方法。《素质能力》用问卷对不同人群进行调研,通过不同人群的解答和排序,反复推敲调研结果;《评价研究》也力避单一性地下结论,采用了自评和外部评价相结合的方式。这种交叉型、复合型的调研方式,较大程度上保证了研究的客观性、科学性和可信性。我国的教师教育研究可以借鉴这种思路和方法。

主要参考文献

一、中文文献

（一）著作

1.［日］坂本太郎.日本史概说［M］. 汪向荣、武寅、韩铁英译.商务印书馆，1992.

2.陈翰笙主编，张芝联、程秋原副主编.外国历史小丛书——日本的改革与振兴［M］. 商务印书馆，1993.

3.［日］井上清.战后日本史［M］. 天津市历史研究所、南开大学历史系译校.天津人民出版社，1972.

4.李玉、汤重南、林振江主编.中国的日本史研究［M］. 世界知识出版社，2000.

5.田桓.日本战后体制改革［M］. 经济科学出版社，1990.

6.万峰.日本资本主义史研究［M］. 湖南人民出版社，1984.

7.王桂编著.日本教育史［M］. 吉林教育出版社，1987.

8.吴廷璆主编.日本近代化研究［M］. 商务印书馆，1997.

9.吴廷璆主编.日本史［M］. 南开大学出版社，2000.

10.武寅.近代日本政治体制研究[M].中国社会科学出版社,1997.

11.夏鹏翔.日本小学教育生态微观察[M].南京师范大学出版社,2017.

12.夏鹏翔.日本战后社会教育政策[M].社科文献出版社,2008.

13.赵健民、刘予苇主编.日本通史[M].复旦大学出版社,1989 年.

14.中国社会科学院日本研究所编.日本概览[M].国际文化出版公司,1988 年.

15.朱永新、王智新主编.当代日本教育改革[M].山西教育出版社,1992.

(二)期刊文章

16.陈永明.日本教师教育的经验与缺失[J].上海师范大学学报(哲学社会科学版),2013(3).

17.胡建华.世纪之交的日本战后第三次大学改革[J].清华大学教育研究,2001(2).

18.夏鹏翔、刘慧.当代日本教师教育评价研究及启示[J].课程·教材·教法,2018(1).

19.夏鹏翔.日本教师专业化的历程及启示[J].日本学刊,2009(4).

20.张德祥.日本师范教育改革的一个尝试[J].日本研究,1990(4).

二、日文文献

(一)著作

1.浜田寿男.児童学序説[M].東京:岩波書店,2011.

2.本山幸彦.明治国家の教育思想[M].京都:思文閣,1998.

3.波野始.校内暴力! なぜ? [M].東京:スバル書房,1981.

4.柴田义松、齐藤礼彦.教育史[M].東京:学文社,2013.

5.長浜功.戦後教育の出発と陥没.講座:日本教育史 4[M].東京:第一法規,1984.

6.池上彰.「日本の教育」がよくわかる[M].東京:PHP 研究所,2014.

7.大田尭.戦後日本教育史[M].東京:岩波書店,1980.

8.宮原誠一他.資料・日本現代教育史・1.2.3.4[M].東京:三省堂,1973,1974.

9.海后宗臣等.近現代日本的教育[M].東京:東京書籍,1999.

10.横山宏、小林文人.公民館史資料集成[M].東京:EIDELL 研究所,1986.

11.教育史編集委員会.講座・教育史・3[M].東京:第一法規,1984.

12.金田一春彦等.新明解国語辞典(第五版)[M],東京:株式会社,1997.

13.堀尾輝久.天皇制国家と教育[M].東京:青木書店,1998.

14.木坂順一郎.日本ファシズム国家論[M].東京:日本評論社,1979.

15.山崎政人.自民党と教育政策[M].東京:岩波書店,1986.

16.山﨑準二.日本における教員研修の課題と展望.東アジアの教師はどう育つか[M].東京:東京学芸大学出版会,2008.

17.山住正己.日本教育小史[M]東京:岩波書店,1987.

18.石川松太郎.日本教育史[M].東京:玉川大学出版部,1999.

19.藤田昌士.学校教育と愛国心[M]東京:学習の友,2008.

20.文部省.学制 120 年史[M].東京:ぎょうせい,1993.

21.文部省.資料臨時教育会議[M].東京:文部省,1979.

22.五十嵐顕、伊ヶ崎暁生.戦後教育の歴史[M].東京:青木書店,1972.

23.小川清美.児童文化[M].東京:萌文書林,2012.

24.新崛通也.日本の教育[M].東京:有信堂,1981.

25.岩田康之、三石初雄.現代教育改革と教師[M].東京:東京学芸大学出版会,2011.

26.岩田康之他.小学校教師に何が必要か[M].東京:東京学芸大学出版会,2013.

27.宗像誠也等.占領下の教育政策.日本資本主義講座 2[M].東京:岩波書店,1953.

28.佐藤学.教育の方法[M].東京:左右社,2014.

29.佐藤一子.現代社会教育学[M].東京:東洋館出版社,2006.

(二)期刊文章

30.北戸凱惟.「総合的な学習の時間」を支援する大学のカリキュラム[J].日本科学教育学会研究会報告17(3),2002.

31.三石初雄.「実践性」「専門性」の確保と「6年一貫」教員養成の課題[J].東京学芸大学教員養成「6年一貫」プログラムに関する研究,2003.

32.岩田康之.東京学芸大学における教員養成改革――一年制大学院を中心に―[J].全教協第24回研究大会発表レジメ,2003.5.25.

33.佐久間亜紀.六年制教員養成の問題点[J].現代思想,2010(4).

(三)其他文献

34.教培審答申.教員の資質能力の向上方策について[R].1987.

35.教培審答申.新たな時代に向けた教員養成の改善方策について[R].1997.

36.教培審答申.修士課程を積極的に活用した教員養成の在り方について[R].1998.

37.教培審答申.養成と採用・研修の連携の円滑化について[R].1999.

38.慶応義塾大学.山本ゼミ共同研究報告書:戦後教育の変遷とゆとり教育[R],2005.

39.全国教育研究所連盟.義務教育改善に関する意見調査[R].1971.

40.文部科学省.小学校学習指導要領解説(道徳活動編)[R].2008.

41.文部科学省.研究能力向上改革[R].2019.

42.文部省.日本の発展と教育[R].1962.

43.文部省.文部時報883[R].1951.

44.中教審答申.教職生活の全体を通じた教員の資質能力の総合的な向上方策について[R].2012.

45.中教審答申.今後の教員養成・免許制度のあり方について[R].2006.

46.中教審答申.新しい時代の義務教育を創造して[R].2005.

47.中教審答申.これからの学校教育を担う教員の資質能力の向上について[R].2015.

　　2008年,末学完成第一部日本教育专著《日本战后社会教育政策》(社会科学文献出版社),是在博士论文的基础上修改完成的。当时只觉得留学日本10年的用功,算是有了一个交代。交代?给谁交代呢?是从日语专业跳到教育专业的转型?每日一边用功一边打工的辛苦?还是没辜负导师小林文人教授的培养,专注日本的教育并拿出了成果?现在想想这些,好像都不重要了。20世纪八九十年代,大多数留学生都有着同样的经历——生活的艰辛和学业的刻苦。好在苦尽甜来,自己的博士论文成书出版,并成为我国第一部研究日本社会教育的专著。当时出版时,原东京大学教授、日本社会教育学会会长佐藤一子先生为末学写了书序,肯定了末学作为外国人研究者的执着和

图16　2015年与恩师小林教授(时84岁)留念

图17　佐藤一子教授来我院做学术讲座

独特视角,声称此书可成为中国研究日本社会教育的"基础性著作"。

2017年,末学出版第二部日本教育专著《日本小学教育生态微观察》(南京师范大学出版社),是末学在母校东京学艺大学做访问学者期间,观察日本小学课堂每日写课堂评论的基础上提升完成的。自从就职于首都师范大学初等教育学院以后,末学开始关注初等教育研究。为了感性地呈现日本小学的真实场面,这部著作从课堂观察(微观察)入手,带入日本二战后小学教育的理念、发展和问题(深思考),特别是透过对其德育课程改革的表象,客观、真实地揭示其背后的政治意图和改革真相,可谓研究之深入。另外,"家庭科""生活科""国际理解教育"等目前我国还未开设的一些课程或者学习主题的描述和研究,对于我国初等教育的改革和发展有着很好的借鉴意义。

完成了第二部专著以后,突然冒出一个念头:再写一部,整成日本教育三部曲呢? 因为末学近年的初等教育研究中不乏教师教育的篇幅。之后,此念头越来越强。说起来,日本教师专业化主题的专著,早在10年前就有了设想。也就是说,这第三部曲并非横空出世,它的思路由来已久且经过了多年的积累和思考。正如那句哲言"世上一切事物都是必然的",第三部曲的成书看似偶然,实属必然。今日完成这第三部曲,比起10年前更合宜、更成熟。因为这10年末学联系并组织本学院的中日交流,多次前去日本教育一线实地调研,对于当下日本小学教师的状况,有了更加深刻的了解和研究。

此次第三部曲的写作过程中,得到了日本学者的大力支持。东京学艺大学校长助理、教师教育课程研究开发中心岩田康之教授,是末学2008年在东北师范大学参加"社会转型与教师教育变革"学会时相遇,之后几乎每年都邀请教授来我院举办讲座、研讨等交流活动,由此与教授成了学术好友;创价大学教师研究生院院长岛明纯教授,是教授2010年率领该研究生院学生海外实地研究来到我院,末学担任活动翻译时相逢,后随着两个学院持续不断的学术交流,末学与教授也成了学术好友;千叶大学中山节子教授是末学2016年去东京学艺大学参加学会时,由其导师大竹美登利教授介绍相识,后在生命教育、中日绘本教育研究领域,末学与中山教授多次合作,又成为学术好友。三位好友在百忙之中,为末学收集了权威性资料,并就一些疑问仔细解答,为第三部曲的成书做出了特殊的贡献。在此,谨向三位日本好友以及众多帮助过末学的同仁致以衷心的感谢。

末学所在的初等教育学院院长刘慧教授,与末学既是好友、学术伙伴,又是末学的领导。教授在我国学校德育、生命教育、教师教育等研究领域享有很高的声望,对学院每一位教师的学术深造给予最大程度的鼓励和支持。在此也向刘慧教授致谢,向天津人民出版社及武建臣老师致谢!

正值今年末学退休之时,献上这部第三部曲,不禁激动至极。回顾从1999年回国就职于初等教育学院到今日,20余年的教学和研究以及中日交流的工作,自己付出了更享受了。末学庆幸在学院艰苦创业时期,上过每节5元课时费的课,"有条件要上,没有条件创造条件也要上!"现在想起那一段时光,正可谓"人生若只如初见",无限美好!末学遇见了最年轻、最富活力的初等教育学院,并与她共同成长。感谢首都师范大学!感谢初等教育学院!

这里之所以称自己为"末学",是因为自己越学习越做研究,越感觉学问高深莫测,自己渺小无比。牛顿曾称自己"不过是在海边捡贝壳的孩子",连牛顿那样的大科学家尚如此感叹,何况自己这样的无名小卒呢!在此谨以"末学"一词向教育、向教师、向学术致以由衷的敬意!末学作为职业的教师告一段落,但作为事业的教师仍在持续。感谢今生成为教师!教师就是末学生命的同义语!这正是:

辛丑正值甲子年,
日复一日岁月减。
过眼最美板上墨,
教育人生比金兰。

夏鹏翔

2021 年冬日